中国社会科学院国情调研特大项目"精准扶贫精准脱贫百村调研"

精准扶贫精准脱贫百村调研丛书

CASE STUDIES OF TARGETED POVERTY REDUCTION AND
ALLEVIATION IN 100 VILLAGES

李培林／主编

精准扶贫精准脱贫
百村调研·年庄村卷

产业兴村与和谐发展之路

肜新春　史习乐／著

社会科学文献出版社
SOCIAL SCIENCES ACADEMIC PRESS (CHINA)

中国社会科学院国情调研特大项目
"精准扶贫精准脱贫百村调研"
项目协调办公室

主　任：王子豪

成　员：檀学文　刁鹏飞　闫　珺　田　甜　曲海燕

总　序

　　调查研究是党的优良传统和作风。在党中央领导下，中国社会科学院一贯秉持理论联系实际的学风，并具有开展国情调研的深厚传统。1988 年，中国社会科学院与全国社会科学界一起开展了百县市经济社会调查，并被列为"七五"和"八五"国家哲学社会科学重点课题，出版了《中国国情丛书——百县市经济社会调查》。1998 年，国情调研视野从中观走向微观，由国家社科基金批准百村经济社会调查"九五"重点项目，出版了《中国国情丛书——百村经济社会调查》。2006 年，中国社会科学院全面启动国情调研工作，先后组织实施了 1000 余项国情调研项目，与地方合作设立院级国情调研基地 12 个、所级国情调研基地 59 个。国情调研很好地践行了理论联系实际、实践是检验真理的唯一标准的马克思主义认识论和学风，为发挥中国社会科学院思想库和智囊团作用做出了重要贡献。

党的十八大以来，在全面建成小康社会目标指引下，中央提出了到2020年实现我国现行标准下农村贫困人口脱贫、贫困县全部"摘帽"、解决区域性整体贫困的脱贫攻坚目标。中国的减贫成就举世瞩目，如此宏大的脱贫目标世所罕见。到2020年实现全面精准脱贫是党的十九大提出的三大攻坚战之一，是重大的社会目标和政治任务，中国的贫困地区在此期间也将发生翻天覆地的变化，而变化的过程注定不会一帆风顺或云淡风轻。记录这个伟大的过程，总结解决这个世界性难题的经验，为完成这个攻坚战献计献策，是社会科学工作者应有的责任担当。

2016年，中国社会科学院根据中央做出的"打赢脱贫攻坚战"战略部署，决定设立"精准扶贫精准脱贫百村调研"国情调研特大项目，集中优势人力、物力，以精准扶贫为主题，集中两年时间，开展贫困村百村调研。"精准扶贫精准脱贫百村调研"是中国社会科学院国情调研重大工程，有统一的样本村选择标准和广泛的地域分布，有明确的调研目标和统一的调研进度安排。调研的104个样本村，西部、中部和东部地区的比例分别为 57%、27% 和 16%，对民族地区、边境地区、片区、深度贫困地区都有专门的考虑，有望对全国贫困村有基本的代表性，对当前中国农村贫困状况和减贫、发展状况有一个横断面式的全景展示。

在以习近平同志为核心的党中央坚强领导下，党的十八大以来的中国特色社会主义实践引导中国进入中国特色社会主义新时代，我国经济社会格局正在发生深刻变化，脱贫攻坚行动顺利推进，每年实现贫困人口脱贫 1000 多万人，贫困人口从 2012 年的 9899 万人减少到 2017 年的 3046 万人，在较短时间内实现了贫困村面貌的巨大改观。中国社会科学院组建了一百支调研团队，动员了不少于 500 名科研人员的调研队伍，付出了不少于 3000 个工作日，用脚步、笔尖和镜头记录了百余个贫困村在近年来发生的巨大变化。

根据规划，每个贫困村子课题组不仅要为总课题组提供数据，还要撰写和出版村庄调研报告，这就是呈现在读者面前的"精准扶贫精准脱贫百村调研丛书"。为了达到了解国情的基本目的，总课题组拟定了调研提纲和问卷，要求各村调研都要执行基本的"规定动作"和因村而异的"自选动作"，了解和写出每个村的特色，写出脱贫路上的风采以及荆棘！对每部报告我们都组织了专家评审，由作者根据修改意见进行修改，直到达到出版要求。我们希望，这套丛书的出版能为脱贫攻坚大业写下浓重的一笔。

中共十九大的胜利召开，确立习近平新时代中国特色社会主义思想作为各项工作的指导思想，宣告中国特色社会主义进入新时代，中央做出了社会主要矛盾转化的重大判断。从现在起到 2020 年，既是全面建成小康社会的决胜期，也是迈向第二个百年奋斗目标的历史交会期。在此期间，国家强调坚决打好防范化解重大风险、精准脱贫、污染防治三大攻坚战。2018 年春节前夕，习近平总书记到深度贫困的四川凉山地区考察，就打好精准脱贫攻坚战提出八条要求，并通过脱贫攻坚三年行动计划加以推进。与此同时，为应对我国乡村发展不平衡不充分尤其突出的问题，国家适时启动了乡村振兴战略，要求到 2020 年乡村振兴取得重要进展，做好实施乡村振兴战略与打好精准脱贫攻坚战的有机衔接。通过调研，我们也发现，很多地方已经在实际工作中将脱贫攻坚与美丽乡村建设、城乡发展一体化结合在一起开展。可以预见，贫困地区的脱贫攻坚将不再只局限于贫困户脱贫，我们有充分的信心从贫困村发展看到乡村振兴的曙光和未来。

是为序！

全国人民代表大会社会建设委员会副主任委员

中国社会科学院副院长、学部委员

2018 年 10 月

前　言

　　从开始申报课题到筹划调研课程再到最终整理文稿经历了一年多的时间，我们从各个层面对社旗县年庄村的典型特征进行了全方位的分析，期望能够从此过程中探究出能够真正对扶贫工作有参考价值的发展模式。

　　这次调研的村庄位于南阳盆地，是典型的农业经济地域，但是年庄村作为传统农业县的农业村，土壤贫瘠，单单依靠农业生产并不能实现脱贫的目标。为了实现全面脱贫的目标，年庄村在河南省地税局系统、县乡党政系统领导干部的脱贫帮扶下探索出了一条产业培育、乡风重塑的新路子。这里的产业扶贫不仅仅是一村一乡的单打独斗，也是产业关联、连片开发的区域性共同富裕的系统工程。社旗县实施精准扶贫以来，探索出了许多成功的经验和做法。在这股热潮之下，年庄村在扶贫开发方面通过驻村单位的帮扶、相关企业的带动，取得了很大的成效，形成了独特的扶贫开发之路。

课题组于 2016 年 10 月确定了针对年庄村的调研后，积极收集相关文献资料，为后期的调研活动做好知识储备。在此期间课题组着重对该村扶贫的相关报告成果、上层县镇的整体扶贫战略以及地况地貌进行了分析，也大致了解了该村扶贫产业的逻辑关系。

课题组于 2016 年 12 月、2017 年 7 月先后进行实地调研活动，每次持续时间达一周左右。第一次主要是针对相关产业进行实地调研，其间通过和相关企业的座谈会，了解了产业发展的状况和企业创业起始的构想。由于当地产业关联性比较大，部分产业涉及整体布局，课题组相应地走访了邻近村庄、县镇的企业，考察了产业链的上下游和整体布局，在调研过程中通过和相关企业负责人交流了解其对当地扶贫的贡献。第二次调研时，课题组主要针对住户，包括建档贫困户、非建档贫困户和非贫困户，进行了大量的走访，了解其在脱贫攻坚战中的感触和期待。同时，在这次调研中课题组也专门收集了社旗县、郝寨镇与年庄村相关统计资料及其采取的扶贫措施方面的材料，以便在后期对调研对象进行整体分析时能够拥有足够的信息。

年庄村走进公众的视野，源于以下因素：①年庄村作为传统农业县的农业村，土壤贫瘠，土地产出仅能维持温饱；②国家实施精准扶贫战略以来，年庄村产业化扶贫效果显著，探索了一条产业扶贫、产业带动脱贫的新路子；③年庄村精准扶贫之所以能取得突出成效，得益于河南省地税局系统、县乡党政系统领导干部的脱贫帮扶、把脉问诊、精准施策；④年庄村的精准扶贫尝试凸显了扶贫开发的一种走向：农村产业化不仅仅是一村一乡的单打独斗，也是产业关联、连片开发的区域性共同富裕的系统工程；⑤党建工作不仅在当前精准扶贫工作中作用明显，而且在今后村庄发展、产业壮大中还将扮演举足轻重的角色。课题组通过大量的走访、收集材料以及对该县、郝寨镇与年庄村相关统计资料的分析、判断，形成了河南省社旗县年庄村精准扶贫调研报告。

本报告要探讨年庄村产业培育、乡风重塑的有效尝试，因此也就有必要更为全面地分析县乡相关扶贫措施的影响。首先，从社旗县的县情和产业结构出发，从外部解释了年庄村采用相关扶贫措施的客观条件，然后分析了社旗县扶贫开发的现状与举措，结合对年庄村的扶贫发展状况和开发的分析可以更加全面地了解年庄村采用这种布局的基础逻辑。同时，针对年庄村，分析了其发展现状和采取的具体扶贫措施，基于统计结果和对调查表的分析解释了年庄村特有扶贫模式的主观条件和成果。最后是对年庄村产业培育、乡风重塑的效果评价，分析其取得的经验和存在的问题，并由此结合社旗县中村镇整体特点和乡村振兴战略，对年庄村乃至社旗县的扶贫发展进行了深入的探索，并提出了相关建议。

目 录

第一章

社旗县县情及产业结构特点

为了深入了解年庄村的贫困状况和扶贫措施，需要对其所处的县域经济进行必要的分析。

第一节　社旗县县情

作为贫困村的年庄村，属于社旗县郝寨镇管辖。首先有必要了解一下国家级贫困县——社旗县的县情、产业结构及其扶贫开发的一些情况。

社旗县位于河南省西南部、南阳盆地东北部边缘。

农业县的特征比较明显。地处东经 112° 46′ ~ 113° 11′、北纬 32° 47′ ~ 33° 19′。东与泌阳县接壤，西和南阳市宛城区毗连，北与方城县交界，南同唐河县为邻。南北长约 38 公里，东西宽约 32 公里，总面积 1203 平方公里，界长约 202.5 公里。耕地面积为 130 万亩，辖 14 个乡镇、2 个街道办事处，257 个行政村（社区）。

一 社旗县地貌

社旗县县境属垅岗平原向平缓平原过渡地区。丘原蔓延，形胜多姿。山埠列峙一隅，四野隆缓平夷，大体为六岗四平少量山。地势由东北向西南倾斜，比降为 1∶900~1∶1500。最高海拔 711 米，最低海拔 103 米，一般海拔在 130~170 米。有 14 条岗（多系无名岗），主要分布在社旗县南部。走向大都自北向南，呈土岗与平原交织状态，越往东岗越呈陡峻之势。整个岗地面积占全县总面积的 55.42%；唐河沿岸，县城北部及西部为平原，占全县面积的 39.35%；东北部与方城县、泌阳县交界的下洼乡北部，浅山疏落，丘陵绵亘，占全县总面积的 5.19%。全县水资源总量 8 亿多立方米，年利用 1.03 亿立方米，平均地表径流量为 2.98 亿立方米。浅层地下水 1 亿立方米。有赵河、潘河、桐河、掉枪河、珍珠河、毗河、饶良河、宴河、马河和沙河等大小河流 13 条，呈扇形半辐射状依势南流汇唐河入汉水。赵河、潘河自北向南环绕县城，在城南交汇，辖内长 45 公里，清流映带，碧波萦回，流域面积 1103 平方公里。

社旗县地处秦岭构造带与新华夏第二沉降带接壤地段，属常构造凹陷区，富农产而多矿藏。据地质部门勘探，有金属、非金属矿藏 20 余种，主要有萤石、石灰石、高岭土、花岗岩、透闪石、大理石、金、银、铜、锌、铁、磁石、金红石、水泥岩、碳酸硅、原子轴、石油、铌、钽等。其中萤石储量 32 万吨，大理石 7 个品种储量在 200 万立方米以上。

社旗县县境属亚热带大陆性季风气候，四季分明，光照充足，无霜期长。年平均气温约 14.9℃，极端最低气温 -19.3℃，极端最高气温 40.5℃。年平均无霜期 226 天，日照 2031.3 小时。年平均降水量 804.2 毫米，历年平均积雪深度 60 毫米。有积温较高、雨热同季、降水适度的气候特征，为动植物的繁衍生长提供了良好的条件。

社旗县县境土壤属豫南丘陵黄胶土区和盆地砂姜黑土区，共有黄棕壤、砂姜黑土、潮土3个大类，4个亚类，9个土属，36个土种。土层深、土质肥沃，田原平整，适宜耕作。粮食作物有小麦、玉米、绿豆、黄豆、红薯等。为全国重要的商品粮、优质绿豆生产基地。经济作物有棉花、芝麻、花生、油菜、烟叶等。瓜果有西瓜、甜瓜、桃、梨、苹果、杏、梅。蔬菜有萝卜、白菜、韭、蒜、藕等。养殖的主要畜禽有牛、马、驴、骡、猪、羊、鸡、兔。水产动物有鱼、鳖、虾、蟹等。另外，还有品种繁杂的林木、花卉、野生禽兽及品种丰富的中药材。

二 社旗县历史文化源远流长

"依伏牛而襟汉水，望金盆而掬琼浆；仰天时而居地利，富物产而畅人和。"县城所在地赊店镇古称"赊旗店"，因东汉光武帝刘秀曾在此"赊旗访将，起师反莽"而得名。清代乾嘉年间，赊店经济发展极为繁盛，被誉为"地濒赭水，北走汴洛，南船北马，总集百货"的"豫南巨镇"，是"万里茶道"的重要中转站。县城内72条古街道保存完好，构成中原最大的清代建筑群。其中，国家级文物保护单位——山陕会馆，气势恢宏，辉煌壮丽，集中展现了中国古代建筑艺术之精华，被有关专家誉为"天下第一会馆"。1965 年建县时，周恩来总理亲自更名"赊旗"为"社旗"，寓"社会主义旗帜"之意。赊店镇古码头、古城墙、古城门完成复建，"中原水乡"形成规模，初步建成"全国著名古镇旅游目的地"、"商业诚信文化教育基地"和"万里茶道国际经贸文化展示基地"，中原明清第一古镇影响力大幅提升，成功创建赊店古镇 5A 级景区。文化旅游、影视文化创意、酒文化、非物质文化遗产传承等文化产业蓬勃发展，年接待游客超过 200 万人次，旅游综合收入有望达到 10 亿元以上。

三　社旗县交通较为便利

社旗县县城距离南阳市 25 公里，交通和区位优势明显。距沪陕、兰南、二广三条高速公路入口和南阳机场车程均在 30 分钟以内，距郑州、武汉车程均在 2.5 小时左右。域内有 1 条国道、2 条省道穿境而过，1 条高速公路和 1 条快速通道即将建设，唐河复航工程列入全省"十二五"交通规划。县域内路网不断完善升级，构成了四通八达的县乡公路交通网络。全县基本形成了以干线公路为骨架、以县乡公路为支脉，纵横交错、四通八达的公路网络，公路等级大大提高。有二级客车站 1 个、四级客车站 1 个、简易客车站 3 个。建成省级货运中心 1 个、汽车检测中心 1 个、乡级货运站 8 个。客运线路已开辟 76 条，日发 400 个班次。

第二节　社旗县产业结构特点

2011 年全县 GDP 仅有 95.6 亿元，至 2016 年达到 153.2 亿元，年均增长 10.5%。从 2011 年到 2016 年，第一产业增加值从 29 亿元增加到 35.4 亿元，年均增长 4.5%；第二产业增加值从 41.6 亿元增加到 65 亿元，年均增长 13.4%；第三产业增加值从 25 亿元增加到 52.8 亿元，年均增长 14.3%。以商埠文化产业示范区为重点的文化旅游业快速发展，宣传推介、产业培育步伐加快，"吃、住、行、游、购、娱"旅游要素日益完备，旅游综合收入达 5 亿元。人均生产总值由 2011 年的 15214 元增加到 2015 年的 20680 元。

在全省县域经济社会发展综合考评中，由 2011 年的第 86 位跃升至 2015 年的第 23 位。工业经济由弱到强，企业个数由少到多，企业规模由小到大，规模以上工业企业由 86 家增加到 170 家，以食品产业为主、机械制造和电子信息为辅的"一体两翼"产业格局初步形成，荣获"全国食品工业强县"称号。产业集聚区晋升为省一星级产业集聚区，入驻项目累计达 150 个，建成投产 129 个，成为要素加速集聚、功能日益完善、活力充分彰显的创业热土。以文化旅游为重点的第三产业成为新的经济增长点，商埠文化产业示范区快速发展，古镇博物馆、赊店书画院、东城墙等一批景点建成开放，山陕会馆景区成功创建国家 4A 级景区，特色商业区被评为全省"十快"特色商业区，赊店古镇先后 10 多次走上央视，知名度和影响力不断扩大，年接待游客数量持续攀升，旅游综合收入大幅增加。电商、物流、金融服务网点基本覆盖城乡，现代服务业年均增加值增速达 30% 以上。三次产业结构由"二一三"优化为"二三一"，产业结构更加优化，发展质量明显提升。

农业产业化水平提升较快，该县已建成高标准粮田 49 万亩、旱涝保收田 20.8 万亩，推广新技术 42

项、新品种 38 个，粮食产量连续九年超 10 亿斤，荣获"全国产粮大县"称号。围绕农民增收这个重点，强力培育蔬菜、畜牧、苗木花卉等特色产业。蔬菜面积达 8 万亩，丙玉蔬菜、供港蔬菜实现进京供港销售；牧原、正大等知名养殖企业落户社旗，被确定为"全国生猪调出大县"；苗木花卉、食用菌、中药材等新兴产业势头强劲，有机农业走在全市前列。不断创新农业经营方式，加快土地流转步伐，累计流转托管土地 54.6 万亩，培育各类新型农业经营主体 1700 余家，农业规模化、标准化生产快速发展，农产品质量稳步提升。农村土地承包经营权确权颁证顺利推进，广大农民吃上了"定心丸"，农业发展活力进一步释放。社旗县不折不扣落实各项惠农政策，严格按规定发放农业支持保护补贴、大型农机具购置等各类补贴。累计投入扶贫资金 3 亿多元，贫困村道路、饮水、农田水利等基础设施明显改善，产业扶贫、到户增收、技术培训等项目深入实施，6.14 万贫困人口实现脱贫。农民人均纯收入由 5068 元提高到 10594 元，实现翻番。

第二章

社旗县扶贫开发的现状与举措

改革开放之前，社旗县是全省闻名的产粮大县、国家商品粮基地县，在粮食生产上为国家做出了重要贡献。但由于基础条件较差，交通闭塞，在市场经济加快发展的背景下，社旗县被划入贫困县行列。2002年2月被国家确定为扶贫开发工作重点县，其中，贫困乡镇10个，贫困村108个，贫困户29702户，贫困人口117210人，贫困发生率20.6%。到2004年，尽管每年国家和有关部门都投入了一定规模的支持资金，但由于基础条件较差，社旗县"三农"生产条件、生存环境较差的状况没有从根本上好转，特别是水的问题，仍是制约其经济发展的重要因素。饮水困难的村有 69 个，饮水困难涉及人口有 6.61 万人，有效灌溉面积 40 万亩，仅占全县总耕地面积的 37.2%。林木覆盖率为 8.2%。学校危房面积达 10.39 万平方米，其中 D 级面积达 6.69 万平方米；乡镇卫生院房舍简陋，缺少必要的检测设备。2004 年全县人均 GDP 3472 元，低于全市平均水平。收入结构上，工商税收收入 3346 万元，占 41%，农业税收收入 3120 万元，占 39%。该时期主要以江泽民的"三个代表"重要思想与胡锦涛的"科学发展观"为指导，将农村扶贫开发与国家发展战略相结合，将解决贫困人口温饱问题与贫困地区全面开发相结合，将政府主导与社会参与相结合，将政府扶贫开发责任与贫困群众自力更生相结合，按照"以人为本"的理念，以建设社会主义新农村战略为基本路径推进扶贫开发。随着《中国农村扶贫开发纲要（2001~2010 年）》《中国农村扶贫开发纲要（2011~2020 年）》的相继发布，国家开始了对扶贫机制新的探索与设计，突出表现在以下两个方面：一是扶贫瞄准机制从贫困县细化到贫困村，重新设计扶贫机制；二是把贫困地区尚未解决温饱的贫困人口作为扶贫开发的首要对象，把贫困人口集中的中西部少数民族地区、革命老区、边疆地区和特困地区作为扶贫开发的重点区域，强调综合开发、全面发展、自力更生、政府主导、全社会共同参与。

第一节　社旗县扶贫开发时期的减贫措施

在被确定为国家扶贫开发重点县后，社旗县主要采取了以下措施：①集中力量，实施整村推进。按照县扶贫开发的十年规划，以 42 个整村推进的重点村为主，坚定不移地落实整河、整路、整村、集中连片扶贫开发。一是围绕县东大岗主干线工程，向贫困村延伸修路 45 条 150 公里；二是加大对社会事业的投入力度，新建农村中小学教学楼 38 座，修建乡村卫生院室 26 个，修建乡村文化站院 6 个。②加强技能培训，推进劳动力转移。着力于贫困户转移脱贫，把贫困地区农民的培训工作作为扶贫开发的重点，为转移就业创造条件。在培训方面，重点抓好贫困农民培训，全面提高劳动者素质，增强科技意识，扩大发展职业教育，将卫校、职专等资源进行整合，实行联合办学，逐步将其建设成全县职业教育中心和对口升学、实用人才、劳务输出的培训基地，吸纳更多的贫困户参加培训。同时，加大订单培训力度，实现"一人务工、全家脱贫"的目标。一是县职业中专搞好订单培训工作，每年培训贫困户劳动力 3500~4000 人次，基本实现约 1.5 万人脱贫。二是以"三太子"方便面集团为主的 10 个龙头企业每年培训就业劳动力 2000 人次左右。三是以县农技中心、畜牧中心、农业广播学校、高新科技示范园区等单位为依托，年培训实用技术人才 5000 人，提高农民依靠科技增产增收的能力。全县转移劳动力达到 7.5 万人。③培育产业化龙头企业，千方百计增加贫困农户收入。重点培育四大龙头企业。一是以"三太子"集团为龙头的以生产方便面、面粉加工、三粉加工为主的食品加工业；二是集以牛、猪、羊为重点的屠宰加工，造林、种草、养畜为一体的畜牧产业；三是以棉花加工为主，以发展中长绒棉花为重点的棉纺织产业；四是以南阳市民兴茧丝绸有限公司为龙头的蚕丝产业。通过资源整合、产业集中，发挥规模效益，创出品牌，为带动更多贫困户脱贫创造了条件。④推广先进适用技术，提高扶贫科技含量。一是以国家农业高新技术示范园区为平台，贫困户与科研单位对接，重点搞好保护地栽培、畜牧养殖、林果管理加工等新技术的推广应用；二是兴建一批扶贫示范项目，全县集中抓好26个高标准的展示农业新品种、新技术示范园，让贫困农户在身边看到科技的巨大作用；三是充分发挥全县科技人员作用，组织他们深入农村一线建功立业。通过大规模的科技示范、技术培训，向贫困农户推广普及先进适用技术，切实提高贫困农民的增收能力。⑤强化资金管理，提高扶贫效益。扶贫资金只能做加法，不能做除法，必须强化报账管理，必须强化审计监督，必须做到进村入户。在扶贫资金管理上，一是要严格执行扶贫资金管理使用程序，加强监督，减少中间环节；二是要严肃纪律，对出现违纪违规的要发现一起、处理一起，确保扶贫资金的效益最大化。社旗县创新信用社贴息小额贷款扶贫模式，扩大小额到户信贷扶贫资金规模，直接支持贫困农民增收。在保证农村信用社企业经营自主权的前提下，充分发挥农村信用社网络齐全、针对性强、服务主动周到的优势，使小额到户贷款直接用于支持贫困户脱贫。⑥创新和完善扶贫开发工作的管理机制。为确保扶贫开发项目规范运作，严格实行六项管理制度，即"业主管理制、资金公示制、工程招投标制、监督监理制、县级报账制、责任追究制"。社旗县层层建立责任制，将扶贫开发工作与乡镇干部使用挂钩，对于完不成扶贫目标的乡镇，扣减下年度扶贫资金规模，调整乡镇领导班子，确保扶贫开发工程高标准、高质量建设，使扶贫开发项目发挥最大效益。⑦共同参与，形成扶贫开发大家唱。扶贫开发是全县的发展大局，一是四大班子要率先垂范包重点乡镇；二是县直单位包重点村；三是发动社会各界对口帮扶，形成全社会关心、扶持、帮助贫困人口脱贫的强大氛围；四是落实有关政策，切实减轻农民负担。

第二节　社旗县精准扶贫时期的减贫措施

2014年1月，中共中央办公厅、国务院办公厅印发《关于创新机制扎实推进农村扶贫开发工作的意见》，明确提出建立精准扶贫工作机制；2015年11月，《中共中央　国务院关于打赢脱贫攻坚战的决定》印发，提出实施精准扶贫方略，健全精准扶贫工作机制，加快贫困人口精准脱贫；2016年11月，国务院印发《"十三五"脱贫攻坚规划》，要求坚持精准扶贫、精准脱贫方略。精准扶贫、精准脱贫成为我国新时期扶贫开发的基本要求、实施方略和工作机制。精准扶贫思想是基于我国现阶段基本国情、贫困地区贫困人口的贫困特征提出的，核心要义是通过精准扶贫工作机制，动员和集中全社会力量，瞄准贫困村、贫困户、贫困人口，构建扶贫脱贫的长效机制。

2014年是国家精准扶贫的启动之年，到2016年10月，社旗县共有扶贫开发重点村85个，有18757户55676人需要脱贫。县委、县政府把脱贫攻坚作为"十三五"期间的头等大事和第一民生工程来抓，按照中央"五个一批""六个精准"及省"五个办法""五个实施方案"要求，多策并举，强力推进。

统筹安排各类涉农项目，整合资金，打捆使用，已落实各类资金5270万元用于贫困村基础设施建设。政府主导，金融扶持。积极探索并启动互助资金担保贷款项目，县财政安排1000万元用于为贫困农户发展产业建好融资平台，已有33个贫困村的贫困户得到了扶持。重点打造烟叶、蔬菜、苗木花卉等产业，其中参与烟叶种植的贫困户有1531户，参与苗木花卉种植的贫困户达到2100户，参与大棚蔬菜种植的贫困户达到 3610 户；发挥新型农业经营主体的引领带动作用，采取土地托管、承包经营、公司 + 基地 + 贫困户等模式，带动贫困人口脱贫，全县共有 2852 个贫困户参与土地流转托管，在取得稳定租金的同时，还可以就近转移就业；基于"雨露计划"等项目，对缺技术的贫困人口有针对性地开展实用技术培训，引导贫困人口有序转移就业，县产业集聚区、商埠文化产业园区工商企业优先安置贫困人口 1500 人就业，基本上实现一人就业全家脱贫。

目前，省、市、县三级 112 个帮扶单位组建的 85 个工作队已进驻重点贫困村，实现了定点帮扶全覆盖；县委根据扶贫工作需要，为 10 个重点贫困乡镇选配了专职扶贫副书记，抽调精干人员充实到县扶贫办，有效推进了脱贫攻坚工作的开展。

按照到 2019 年全面完成脱贫目标任务的要求，社旗县制定了 2016~2019 年分年脱贫计划。其中，2016 年脱贫的贫困村和脱贫人口为 22 个村（3670 户）1.31 万人，2017 年脱贫 25 个村（4023 户）1.45 万人，2018 年脱贫 22 个村（4210 户）1.5 万人，2019 年脱贫 16 个村（3645 户）1.3 万人。为打赢脱贫攻坚战，减少农村贫困人口，社旗县委、县政府将脱贫目标任务分解到乡镇（街道），并由各乡镇（街道）在全县脱贫攻坚会议上向县委递交了减贫目标责任书。

社旗县印发了《社旗县人民政府办公室关于下达2016 年度贫困村脱贫基础设施建设任务的通知》，明确了有关部门的资金投入责任，强调涉农项目资金必须集中投向贫困村，通过协调计划整合 11 个部门的项目资金 11486 万元，现已落实资金 5270 万元，为确保基础设施建设改善达标、22 个贫困村脱贫摘帽打下了基础。认真落实专项扶贫资金计划，加快项目进度。2016 年度上级安排财政专项扶贫资金 2073 万元，其中扶贫开发整村推进项目投入财政资金 1060万元，产业项目 1013 万元已规划到位，项目正在组织实施。

社旗县强化贫困村第一书记和驻村工作队的驻村工作。全县 94 个单位组建 85 支工作队、选派第一书记进驻 85 个贫困村，实现了定点帮扶全覆盖，落实脱贫攻坚"三带、三帮、三扶、一兜底"活动，广泛动员全县各级党员干部、机关部门和企事业单位，深入贫困地区开展"大扶贫"活动，确保每个领导干部都联系分包乡镇、村和贫苦户，每个贫困村都有第一书记驻、单位帮、企业扶，形成了"队员当代表、单位做后盾、领导负总责、全员参与帮扶"的工作格局，实现了全县 22541 个贫困户帮扶责任人的全覆盖。

社旗县组建了由县委办、县政府办、县人大办、县政协办、县农办等 14 个驻村牵头单位参加的 5 个督导组，按照《社旗县 2016 年精准扶贫工作督查方案》的要求，督查组对 14 个乡镇、14 个贫困村 2016 年精准扶贫推进工作进行了督查，对照七大项 17 个小项的内容，与第一书记、驻村队员及基层干部、党员群众座谈，现场查看有关扶贫资料，并走访了 140 户贫困户，对发现的一些问题按照精准扶贫的要求迅速进行整改。

社旗县创新减贫脱贫领导机制，落实扶贫开发主体责任。突出党委政府的扶贫开发主体责任，明确县乡党政一把手、贫困村第一书记、县直单位主要领导为脱贫攻坚的第一责任人，明确任务和责任，层层签订目标责任书，立下军令状，县委、县政府对乡镇（街道）脱贫攻坚进行考核，严格落实奖惩措施，加大责任追究力度。

依托专业经济组织，实施到户增收项目。为最大限度发挥财政专项扶贫资金效益，乡（镇）政府与经济组织、经济组织与项目贫困户签订双协议，通过发挥经济组织自身技术、生产与市场信息优势，帮助贫困农户发展产业，增收脱贫，实现富裕。探索并启动风险抵押金担保小额扶贫贷款工作，县本级财政投入扶贫资金1000万元用于建立扶贫开发小额信贷风险补偿基金，撬动金融资金放大5倍发放小额贷款并投入扶贫开发，促进扶贫产业发展，形成了对贫困群众的长期动态资金支持，为广大贫困群众脱贫致富提供了有力支持。

在脱贫攻坚战中，社旗县紧紧握住发展这把"金钥匙"，全力推进产业扶贫、开发式扶贫，变"输血"为"造血"，不断提升贫困人口的自我发展能力，开启了一条稳固长效的脱贫之路，积极落实好产业扶贫、精准脱贫政策。由单纯依靠政府向政府主导、社会组织和民间力量共同参与的格局转变。近六年，社会各界扶贫济困认捐款达10亿元，全县30多家企业参与了"村企共建扶贫工程"。全县城乡居民收入差距缩小到2.87∶1。

社旗县贫困地区的特色产业，与农业转方式、调结构相结合，开启了乡村产业转型升级的大幕，让农民分享到了农业产业链和价值链增值收益，推动贫困地区经济持续健康发展。[①]

目前，社旗县建成了352个"扶贫车间"，老年人、残疾人可以在家门口做些简单的手工活儿。很多贫困户通过自食其力增加了收入，也增强了生活信心。实施产业扶贫，外出打工人员归乡创业，大量留守儿童、空巢老人问题得以解决，家庭邻里关系和睦了，乡风文明也得到了改善，"扶贫车间"带来了良好的社会效果。据不完全统计，2013年193家省直党政机关及相关单位派遣蹲点干部257人，直接投入贫困地区资金（包括物资折款）超2亿元，帮助引进各类资金超6.5亿元；参加定点扶贫的市级党政机关及相关单位1884个，派遣蹲点干部6685人，直接投入贫困地区资金（包括物资折款）超3.4亿元，帮助引进各类资金近5.67亿元。仅省、市两级驻村帮扶单位直接投入资金和引进资金总额就超过了当年专项财政扶贫资金总额。

---

① 《河南社旗：扶贫攻坚当赛场 你追我赶迎难上》，人民网—河南分网，2016年4月28日。

第三节　社旗县开发式扶贫、连片扶贫的举措与思考

　　社旗县牢固树立"大扶贫"工作思路，构建政府、市场、社会协同推进的大扶贫格局，明确攻坚任务。2015~2019 年集中攻坚，实现 5.56 万贫困人口脱贫（其中转移就业脱贫 17887 人、扶持生产脱贫 34618 人、社会保障兜底脱贫 2288 人、临时救助脱贫 807 人）；2019~2020 年巩固提高，实现全面小康，基本消除绝对贫困人口。加快改善生产生活条件，改善贫困乡村基础条件；壮大主导产业，重点扶持发展蔬菜、烟叶、苗木花卉三大主导产业；提升公共服务均等化水平，填补贫困乡村在公共服务方面的空白。一是激发攻坚合力。将扶贫开发同财政、交通、水利、教育、卫生、社保等部门工作统筹安排，形成各方协同推进的大扶贫格局。二是提高攻坚实效。与经济发展相结合，通过开展亿元项目招商活动，以区域发展带动扶贫开发、以扶贫开发促进区域发展，全力抓好特色优势产业、多元富民产业和战略性新兴产业的发展壮大；与用好支持老区政策相结合，通过精研老区政策，谋划对接项目。

一　开发式扶贫与富民强县并重

发挥产业带动优势，实施"产业联带"。围绕"一村一业"的目标，注重培植特色产业，以特色产业为纽带，重点吸收农村困难党员、特困户加盟，带动贫困群体致富。该县贫困群众依托食用菌栽培产业协会，充分发挥农村庭院面积大的优势，发展食用菌栽培，种植平菇、香菇、鸡腿菇等12个品种。创新扶贫开发机制，着力变"分散式"资金投入为"集约式"捆绑使用，整合财政扶贫、以工代赈、人畜饮水、路网建设等涉农资金，解决了基础建设、产业开发资金投入不足问题。2016年，实施农村扶贫开发项目18个，落实项目资金128万元；重点贫困村共投入资金5125万元，硬化道路、扩挖塘堰、新建泵站，实施安全饮水工程，改善村民就医看病条件，资金投入达104.6万元。"雨露计划"转移培训劳动力彰显特色。社旗县利用电脑学校、职业中学等培训基地，积极开展"雨露计划"培训。2015年，该县共培训安全保卫、计算机应用、养殖实用技术、电焊技术、农产品加工等技术型人才800人，输出560人，为贫困家庭增收创造了基础条件。围绕"一村一业"

的目标，聘用专业技术人员讲解蔬菜大棚技术、中药材种植技术和核桃栽植管理技术等，共培训 1400 人次。扶持壮大龙头企业取得新突破。社旗县把发展经济林产业放在了突出的位置，发展特色经济林 8000 亩，扶持绿色种植、养殖专业合作社 3 个，扶持 2 家龙头企业贷款贴息发展生产带动农户增收，完成亚行贷款项目 955.2 万元，栽植核桃林 1950 亩，蔬菜大棚近 10000 亩。

社旗县围绕脱贫攻坚工作，定向施策，精准发力，坚持"人才引领"模式，通过举办社旗县第二届"回创之星"和"拔尖人才"评选表彰活动，选出一大批乡土实用人才、科技人才和脱贫致富带头人，带头落实政策扶贫、产业扶贫、就业扶贫、教育扶贫、健康扶贫等政策，全力打造"扶贫车间"模式，引导各乡镇充分发挥本土人才的引领作用，掀起"扶贫车间"助力扶贫的热潮。

年庄村李富文是南阳文鑫花业工艺品有限公司的创始人，也是市级重点表彰的"回创之星"。公司自主研发樱花、绣球花、叶子绿植等高端系列产品，首创在家门口兴建"扶贫车间"的模式，创新了"扶持办厂""工厂就业""散户加工"三种扶贫方式，针对家乡周边贫困户实际制定扶贫计划。对有自主创业能力的贫困家庭，基于扶贫到户增收项目补贴，通过免费上设备、回收产品，扶持其快速成长；对有劳力但缺技术的贫困户，通过免费培训，将其直接招聘到公司上班以增加收入；对行动不便或身有残疾的贫困户，通过在家代加工、手工组装，计件发工资。辐射带动周边8个乡镇25个村400多个贫困家庭共计2300多人采取领原料、在家组装的方式参与生产，其中630余人通过散户加工实现脱贫致富。

"像李富文这样心系贫困家庭冷暖的企业家，在我县还有很多，如刘幸鹏、李秀合、王新炎、李耀稳、郭兰等，他们采用的'扶贫车间'模式，吸引了农村劳动力就近就业和外出务工人员返乡创业，使留守儿童有了父母陪伴，空巢老人有了依靠，留守妇女有了工作，增加了群众的安全感和幸福感。同时，专心生产、收入增加的多了，串门聊天、玩扑克打麻将的少了；相互交流技能的多了，邻里纠纷少了，打架斗殴少了，改善了农民精神面貌和乡村社会风气。"县扶贫办主任万超峰坦言。

目前，社旗建成了352个"扶贫车间"，老年人、残疾人可以在家门口做些简单的手工活。很多贫困户通过自食其力收入增加了，生活信心也增强了。实施产业扶贫，外出打工人员归来，大量留守儿童、空巢老人问题得以解决，家庭邻里关系和睦了，乡风文明也得到了改善，"扶贫车间"带来了良好的社会效果。

——《社旗县充分释放人才活力　打造"扶贫车间"》

二　党建工作促扶贫

社旗县委把党建扶贫作为一项关键抓手，充分发挥基层党组织和党员干部的示范引领作用，通过建阵地、带队伍、聚合力、抓管理，强化基层组织整体功能、激发精准扶贫工作动能，实现了党建与扶贫工作的互融互促、同频共振。

为了充分发挥村党支部的战斗堡垒作用，社旗县在建强村级服务阵地上下功夫。在前期采取以奖代补的形式，多方筹措资金2300多万元新建、整修和重建了 103 个示范型村级党群服务中心，2017 年实施了"百村千万提升工程"，以基层党组织阵地的全面上档升级提升服务精准扶贫能力。整合资源，挖掘服务发展潜能。推广"基层党组织＋产业基地＋农村合作社＋贫困户"扶贫模式，由基层党组织牵头，整合产业基地和农村合作社力量，与贫困户结成帮扶对子，通过提供发展项目、劳动就业岗位、实用技术等，为贫困户提供精准帮扶，切实增强了贫困村的"造血功能"。建章立制，寻求党建扶贫突破。以清单式交办、项目化方式精准列出领导班子帮村、领导干部联村、驻村工作队和"第一书记"驻村、党员蹲村"四个责任清单"，层层分解任务、落实责任，推动驻村任职和精准扶贫取得实效。

三 千企帮千村，共同来脱贫

自 2015 年以来，社旗县积极开展"千企帮千村，万名干部助脱贫"活动，积极探索实施"一企帮多村"、微小型企业"多企帮一村"的扶贫新模式，从全县 500 余个专业合作社中选择发展前景好、帮扶意愿高、示范效应强的专业合作社与 68 个村结成帮扶对子，通过最大限度整合帮扶资源，形成了以强带弱、强弱联合的帮扶格局。截至 2017 年上半年，社旗县共有 139 家民营企业与 128 个贫困村建立结对帮扶关系，并签订帮扶协议。参与帮扶的企业在享受扶贫项目资金近 2 亿元支持的同时，积极实施项目 47 个，吸纳贫困劳动力 2670 人，使 2436 户贫困户顺利脱贫，并向特困家庭捐款捐物 60 余万元。该县也通过项目带村、产业扶村、智力援村、捐助帮村等多种形式的村企合作，走出了一条协同联动、优势互补、互利双赢的精准扶贫新路子。位于社旗县李店镇的丙玉蔬菜种植专业合作社，也是积极参与"千企帮千村"活动助力脱贫攻坚的典型。该合作社建成标准化有机蔬菜生产基地 600 亩，拥有连栋温室、日光温室、塑料大棚 500 余座、采摘园 30 亩，配套建设了喷灌和微滴灌设备、农残检测室、保鲜库、分拣车间等，示范推广各类蔬菜 20 余种，有 17 个蔬菜品种通过有机农产品认证，5 个通过绿色认证，与北京、上海、武汉等地的大型蔬菜销售市场达成长期供货协议，产品还顺利进入香港的蔬菜市场。丙玉蔬菜合作社发挥龙头带动作用，探索了转移就业、合作社投资贫困户管理、合作社建棚贫困户承包、"实训基地＋贫困户"等助困脱贫模式。"不仅帮助全镇 240 余户贫困户脱贫，还带动桥头、兴隆、太和等周边乡镇 10 多个行政村 2000 多户发展蔬菜大棚 3000 余座，种菜农户年收入最高可达 10 万元。"合作社负责人张丙玉介绍。

2014 年，张金榜的老家社旗县桥头镇姚营村成立了四季常青蔬菜专业合作社。当年，依托扶贫资金和小额贷款，合作社整合 80 余万元资金，建起了 91 座新型蔬菜大棚，并辐射小柴庄村新建大棚 23 座，总面积达 220 亩。大棚蔬菜以"佳美一号"西红柿为当家品种，辅以"蓝特""金朋"等西红柿品种，一年两季，秋季还可种植辣椒、蒜苗、芹菜等时令蔬菜。西红柿果肉丰美鲜亮，每公斤上市价 4 元左右，销往武汉、郑州等地的大型蔬菜市场，供不应求。2015 年，合作社的大棚蔬菜实现总产值 520 万元，利润约 300 万元。

按照"一村一策、一户一法"的扶贫工作要求，社旗县扶贫办和合作社达成了共识：合作社为贫困户提供蔬菜种植技术，负责销售蔬菜；依托扶贫资金，贫困户每建成一座大棚给予 5000 元的扶贫补贴。一直在外务工的张金榜听说这样的扶贫政策后，回到了姚营村，建起 3 座大棚。

　　针对众多贫困群众想发展产业，但没技术、缺资金、无力承担风险的现状，社旗县结合近年来蔬菜产业发展日趋规模化的实际，摸索出了一条"合作社＋贫困户"的合作帮扶脱贫新模式，积极引导农民转变发展方式，帮助贫困户脱贫致富，促使农业生产实现从零散种植向规模化、特色化、有机化、标准化生产跨越，通过发展合作帮扶的脱贫新途径，让过去一直靠种植传统农作物为生的农民有了增收的新途径，让大家切实感受到在家门口创业、挣钱的实惠。"合作社＋贫困户"的合作帮扶新模式，扶贫成效显著，也得到了全县和相关乡镇的大力支持。各单位各部门在参与精准扶贫、有效脱贫和驻村帮扶工作时，坚持把农民专业合作社作为引领农民参与市场竞争、带领农民调整种植结构、帮助农民增收致富顺利脱贫的重要"纽带"。如今，桥头镇的姚营、小河流、王坊村和兴隆镇的赵庄村等蔬菜基地都采用了这种模式，共带动贫困户 67 户，户年均增收 1.6 万元。东部岗丘区的朱集、陌陂、苗店、饶良、太和等乡镇在发展花卉苗木、林果产业时，引导成立专业生产组织 45 个，培育专业村 12 个，总面积

6000亩，带动农户883户，其中贫困户220户，户年均增收8000~10000元。"合作社+贫困户"的扶贫新模式在带领贫困群众脱贫致富的道路上，发挥着越来越重要的作用。

第三章

年庄村的发展状况与孱弱的集体经济

应该说，社旗县实施精准扶贫以来，探索出了许多成功的经验和做法，在这股热潮的席卷之下，年庄村的扶贫开发在驻村单位的帮扶、相关企业的带动下取得了很大的成效，形成了独特的扶贫开发之路。下文对年庄村的人口、土地、集体经济、产业发展、卫生及公共设施等予以细致的分析。

第一节　年庄村的地理与人口

年庄村位于郝寨镇西部 6 公里，距社旗县城 2 公里，距最近的水运码头 4 公里，属建档立卡贫困村，土地面积 3574 亩，林地面积 89 亩，坑塘面积 20 亩。属于平原地貌。资源匮乏，人多地少。有 6 个自然村（小朱营、新庄、姜庄、河口、年庄、马庄），8 个村民小组，没有经历过行政村合并。共 558 户 2068 人。其中，有劳动能力的 936 人，60 岁以上老人 351 人，儿童 373 人，五保户 33 户 34 人，低保户 24 户 61 人，残疾人 46 人，外出务工 202 人，在校学生 252 人。年庄村以传统农业为主，种植小麦、玉米，全村的种植业基本靠天收，抗拒自然灾害能力差，经济发展水平低。

2014 年初，年庄村有贫困户 195 户 532 人。其中，2014 年底实现脱贫 60 户 234 人，2015 年实现脱贫 61 户 236 人，2016 年实现脱贫 9 户 12 人。截至目前还有建档立卡贫困户 74 户，实际贫困人口 118 人。其中，低保户 36 户 47 人，五保户 37 户 38 人。

年庄村有文盲、半文盲人口 360 人，残疾人 42

人，劳动力数量为 810 人，外出半年以上劳动力 210 人（其中，到省外就业的劳动力 100 人，省内县外就业的劳动力有 110 人）。外出务工人员中途返乡人数为 36 人，没有定期回家务农的外出劳动力。而初中毕业未升学的新成长劳动力为 9 人，高中毕业未升学的新成长劳动力为 4 人，参加"雨露计划"人数为 78 人。这种就业结构具有典型的中部地区特征，劳务经济明显，新增劳动力文化素质不高，但渴望改善生存条件的内生动力较强，突出的表现是参加提升就业技能的"雨露计划"人数较多，占劳动力总数的将近 10%。

土地资源及利用方面，年庄村现有耕地面积 3574 亩，有效灌溉面积 3574 亩，林地面积 42 亩，退耕还林面积 89 亩，2016 年底土地确权登记发证面积 3574 亩，全年国家征用耕地面积 30 亩，农户没有进行对外流转耕地，没有参与耕地林地流转的农户，村集体没有对外出租耕地，全村没有闲置抛荒的耕地。另外，本村土地流转平均租金为 500 元 / 亩，价格水平一般。

图 3-1　年庄村村部宣传栏

摄影：史习乐于 2017 年 7 月 7 日。

第二节　年庄村村域经济发展状况

总体来看，年庄村农民年人均纯收入能够达到 4000 元。这种现象表明，农民的收入主要来自务工，村集体经济的贡献基本没有。年庄村现有农民合作社 3 个（见表 3-1），没有家庭农场和专业大户，没有农业企业；但加工制造企业有 19 家，主要从事制造业，如木材加工和木、竹、藤、棕、草制品以及家具制造，餐饮企业有 2 家，批发零售、超市、小卖部有 8 个，其他企业数为 15 家；企业中，没有集体企业。

表 3-1　年庄村农民合作社

单位：户，万元

名称	领办人	成立时间	成立时社员户数	目前社员户数	业务范围	总资产	总销售额	分红额
海亮合作社	郭海亮	2015 年 4 月	7	7	林果	20	0	0
诚信农机	顾清勇	2015 年 6 月	4	4	农机销售	15	0	0
长林合作社	王长林	2014 年 9 月	6	6	林果	18	0	0

资料来源：精准扶贫精准脱贫百村调研年庄村调研。

说明：本书统计表格，除特殊标注，均来自年庄村调研。

表 3-1 显示，这 3 个农民合作社领办人都是普通农民，没有担任村里的干部职务。目前 3 个合作社还没有太多的效益和分红。

年庄村的农业生产采取小麦、玉米、花生轮番耕作模式，由于土质关系，单产量普遍不高，亩均收入只能达到 1350 元，加上人工、种子、肥料等投入，农业收入十分微薄。主要养殖的动物有猪、鸡、牛，但存栏量有限，其中猪的存栏量为 200 头，牛的存栏量为 6 头，鸡的存栏量大约为 5000 只，总产值达 30 多万元（见表 3-2）。

表 3-2　年庄村农业生产情况

主要种植作物	种植面积（亩）	单产（公斤/亩）	市场均价（元/公斤）	耕作月份
小麦	3000	450	2	10月至次年6月
玉米	2700	300	1.5	6月至9月
花生	200	400	6	3月至7月
主要养殖畜禽	存栏量（头/只）	平均毛重[公斤/头（只）]	市场均价（元/公斤）	—
猪	200	100	7.2	—
鸡	5000	3	12	—
牛	6	500	30	—

图 3-2　年庄村村部大舞台

摄影：史习乐于 2017 年 7 月 7 日。

第三节　年庄村基础设施和公共服务

2012 年，年庄村被社旗县确定为"整村推进"扶贫村、省地税局定点扶贫村。2013 年，扶贫工作队为年庄村修建了 3.5 公里道路，彻底解决了年庄人的出行难题。不过，在基础设施领域道路建设方面还有未完成的任务。

年庄村通村公路长 3 公里，属于水泥硬化路面，但还有 3.1 公里村内通组道路没有硬化，也没有架设路灯（见表 3-3）。

表 3-3　年庄村道路交通情况

项目	内容	项目	内容
通村道路主要类型［①硬化路（水泥、柏油）；②砂石路；③泥土路；④其他］	①	村内通组道路长度（公里） a.未硬化路段长度（公里）	6.2 3.1
通村道路路面宽度（米）	3.5		
通村道路长度（公里） a.未硬化路段长度（公里）	3 3.5	村内是否有可用路灯（①有；②无）	②

年庄村村委会架设了有线广播，村部的电脑也能联网，电脑能够联网的有 60 户，占总户数的 10%；有线电视和卫星电视用户也率较高，家中没有电视的农

户为 0，智能手机用户和人数覆盖率较高，总体来看，年庄村对于资讯的了解以及在外界联通方面不算落后（见表 3-4）。

表 3-4　年庄村电视通信情况

项目	内容	项目	内容
村内是否有有线广播（①有；②无）	①	使用卫星电视户数（户）	98
村委会是否有联网电脑（①有；②无）	①	家中没有电视机户数（户）	0
家中有电脑的户数（户） a.联网电脑户数（户）	60 60	家中未通电话也无手机户数（户）	0
		使用智能手机人数	500
使用有线电视户数（户）	85	手机信号覆盖范围（%）	100

表 3-5 显示，年庄村有卫生室 2 个，药店（铺）1 个，全村有 6 名医生，其中 4 名拥有行医资格证，没有接生人员，但拥有资格证的有 5 名，说明年庄村村民大都到乡镇或县城接受较好的生育服务。当年没有 0~5 岁儿童死亡，没有孕产妇死亡，没有自杀身亡的。但身患大病的村民有 62 人，这部分人的贫困发生率值得关注。村内有 1 个镇属敬老院，院中有年庄村的 23 位老人入住。当然，没有到其他机构入住的老人。

表 3-5　年庄村妇幼、医疗保健情况

项目	内容	项目	内容
全村卫生室数（个）	2	当年 0~5 岁儿童死亡人数	0
药店（铺）数（个）	1	当年孕产妇死亡人数	0
全村医生人数	6	当年自杀人数	0
其中有行医资格证书人数	4	当前身患大病人数	62
全村接生员人数	0	村内敬老院个数（个）	1（镇属）
其中有行医资格证书人数	5	在村内敬老院居住老年人人数	23
		在村外敬老院居住老年人人数	0

年庄村所有居民都用上了电，电价 0.56 元/度，当年没有出现停电的情况（见表 3-6）。2017 年 6 月，全村均用上了集中供应的自来水，单价 1 元/吨，不存在用水困难的农户。村内没有垃圾池，但有 6 个垃圾箱，集中处置垃圾占比只能达到 50%，沼气池使用户数不多。

表 3-6　年庄村生活设施情况

项目	内容	项目	内容
已通民用电户数（户）	558	自来水单价（元/吨）	1
民用电单价（元/度）	0.56	使用净化处理自来水户数（户）	558
当年停电次数（次）	0	江河湖泊水（%）	0
村内垃圾池数量（个）	0	雨水/窖水（%）	0
村内垃圾箱数量（个）	6	受保护的井水或泉水（%）	0
集中处置垃圾所占比例（%）	50	不受保护的井水或泉水（%）	100

户用沼气池数量（个）	6	自来水之外的管道供水户数（户）	0
饮用水源比例	—	水窖数量（个）	0
集中供应自来水（2017 年 6 月统计，%）	100	饮水困难户数（户）	0

年庄村户均宅基地面积达到 200 平方米，楼房所占比例为 30%，砖瓦房、钢筋水泥房所占比例为 97%，总体居住条件不错，但仍然有 35 户的住房属于危房（见表 3-7）。

表 3-7　年庄村居民住房情况

项目	内容	项目	内容
户均宅基地面积（平方米）	200	危房户数（户）	35
违规占用宅基地建房户数（户）	0	空置一年或更久宅院数（户）	0
楼房所占比例（%）	30	房屋出租户数（户）	0
砖瓦房、钢筋水泥房所占比例（%）	97	月均房租（如有，按 10 平方米折算，元）	0

年庄村的 558 户 2078 人均参加了新型合作医疗，人均 150 元的年费可保障大部分的就医支出。540 户 680 人参加了社会养老保险，低保人数为 47 人，38 人为五保户，采取集中与分散相结合的供养方式。当年全村获得国家救济总额为 25 万元，但村集体没有财力帮助困难户（见表 3-8）。

表 3-8　年庄村社会保障情况

项目	内容	项目	内容
参加新型合作医疗户数（户）	558	五保供养人数	38
参加新型合作医疗人数	2078	集中供养人数	0
新型合作医疗缴费标准［元/（年·人）］	150	集中与分散供养相结合人数	38
参加社会养老保险户数（户）	540	五保供养村集体出资金额（元）	0
参加社会养老保险人数	680	当年全村获得国家救助总额（万元）	25
低保人数	47	村集体帮助困难户年出资额（元）	0

第四节　年庄村村庄治理与基层民主

　　年庄村有 57 名党员，其中 41 名年龄在 50 岁以上，8 名具有高中及以上文化，能够随时召开党员代表会议。56 名党员中属于村"两委"的有 5 名，党小组数量有 4 个。村支部支委有 3 人，村民委员会人数为 3 人，村"两委"交叉任职党员 1 名；有 35 名村民代表，其中属于村"两委"的有 2 名。村务监督委员会、民主理财小组均由 3 人组成，属于村"两委"的有 1 名，属于村民代表的有 2 名（见表 3-9）。

表 3-9 年庄村村庄治理结构

项目	内容	项目	内容
全村党员数量	57	村民代表人数	35
50 岁以上党员人数	41	其中属于村"两委"人数	2
高中及以上文化党员人数	8	是否有村务监督委员会（①有；②无）	①
是否能够随时召开党员代表会议（①是；②否）	①	监督委员会人数	3
党员代表人数	56	属于村"两委"人数	1
属于村"两委"人数	5	属于村民代表人数	2
党小组数量（个）	4	是否有民主理财小组（①有；②无）	①
村支部支委会人数	3	民主理财小组人数	3
村民委员会人数	3	属于村"两委"人数	1
村"两委"交叉任职人数	1	属于村民代表人数	2

在村"两委"人员中，支书与村主任分别 53 岁和 46 岁（副书记郭付栓已经 61 岁，退休列席），正是年富力强的时候；两人的学历分别为初中和高中。两名大专学历的委员赵中俭和贾敏岁数分别为 49 岁和 42 岁，任职前身份分别为村民和公务员，能为年庄村的发展贡献知识和智慧。除了公务员之外，他们的工资水平均在 1000 元上下（见表 3-10）。

表 3-10　年庄村的村"两委"人员情况

序号	职务	姓名	性别	年龄（岁）	文化程度	党龄（年）	交叉任职	工资（元）	任职年限（年）	任职前身份
1	支书	黄红义	男	53	初中	22	无	1100	9	组长
2	副书记	郭付拴	男	61	初中	19	无	770	10	村民
3	委员	贾之顺	男	64	初中	27	有	770	12	村信贷员
4	村主任	贾迎旭	男	46	高中	9	无	880	1	村民
5	委员	赵中俭	男	49	大专	17	无	770	11	村民
6	委员	贾敏	女	42	大专	14	无	2800	3	公务员

2011 年、2014 年的村委会选举，村民参与热情高涨，投票率分别达到 95%、99%，民主程序有效，设了秘密划票间，大会唱票，并有流动投票（见表 3-11）。

表 3-11　年庄村的两届村委会选举情况

年份	有选举权人数	实际参选人数	村主任得票数（票）	是否设有秘密划票间	书记与主任是否一肩挑	是否搞大会唱票选举	投票是否发钱发物	是否流动投票
2011	1300	1240	1276	是	否	是	否	是
2014	1322	1310	1090	是	否	是	否	是

第五节　年庄村教育、科技、文化情况

年庄村现有 3~5 周岁儿童 106 名，41 名没有入园，

本村设有幼儿园、托儿所 1 个且属于私立性质，幼儿园在园人数有 65 名，其中学前班有幼儿 37 名。学前班、幼儿园收费标准均为 66.6 元 / 月（见表 3-12）。

表 3-12　年庄村的学前教育情况（2016~2017 学年，下同）

项目	内容	项目	内容
本村 3~5 周岁儿童人数	106	学前班在学人数	37
当前 3~5 周岁儿童不在学人数	41	a. 学前班收费标准（元 / 月）	66.6
本村幼儿园、托儿所数量（个）	1		
其中：公立园数量（个）	0		
幼儿园在园人数	65		
幼儿园收费标准（元 / 月）	66.6		

年庄村小学阶段适龄儿童有 274 名，其中 130 名为女生；在本村小学上学有 244 名，女生 118 名；去外地上学人数为 28 名，包括 11 名女生。值得注意的是，该村还有 2 名失学辍学儿童，其中 1 名为女生（见表 3-13）。

表 3-13　年庄村的小学阶段教育情况

项目	内容	项目	内容
本村小学阶段适龄儿童人数	274	在县市小学上学人数	0
其中：女生数	130	其中：女生数	0
在本村小学上学人数	244	去外地上学人数	28
其中：女生数	118	其中：女生数	11
住校生人数	0		
在乡镇小学上学人数	0	失学辍学人数	2
其中：女生数	0	其中：女生数	1
住校生人数	0		

年庄村接受初中教育者有 26 名，需要到距村 6 公里的郝寨镇中学或距县城 2 公里的县里中学，在乡镇中学就读的学生有 16 名，其中 7 名为女生，全部住校，学校提供午餐，有一定的补贴。在县城中学上学者有 10 名，包括 3 名女生。有 1 名女生辍学（见表 3-14）。

表 3-14　年庄村初中阶段教育情况

项目	内容	项目	内容
乡镇中学离本村距离（公里）	6	在县城中学上学人数	10
在乡镇中学上学人数	16	其中：女生数	3
其中：女生数	7	去外地上学人数	0
住校生人数	16	其中：女生数	0
中学是否提供午餐（①是；②否）	①	失学辍学人数	1
是否免费或有补贴（①免费；②有补贴；③无）	②	其中：女生数	1

年庄村小学位于郝寨镇最西边，紧邻社太路，与县城接壤，学校辖 8 个自然村，在校生 274 名，现有专任教师 14 名，均为本科学历。学校于 1989 年建成，2016 年翻建，校舍建筑面积 400 平方米，学校午餐标准为 5 元/顿，有部分补贴。学校配备了可以上网的电脑（见表 3-15）。

表 3-15　年庄村小学情况

项目	内容	项目	内容
本村是否有小学（①是；②否）	①	校舍是否独立使用 （①是；②否）	①
最高教学年级	6		
在校生人数	274	校舍建成时间年份	1989
		校舍建筑面积（平方米）	400
公办教师人数	14	是否提供午餐（①是；②否）	①
本科	14	午餐标准（元/顿）	5
大专	0	是否有补贴 （①免费；②有部分补贴；③无）	②
高中或中专	0		
非公办教师人数	0	是否配有联网电脑 （①是；②否）	①
本科	0	如无小学，原小学哪年撤销	—
大专	0	最近小学离本村距离（公里）	—
高中或中专	0		

在科技文化方面，年庄村在村委会设有农民文化技术学校，村内举办了 7 次农业技术讲座，村民参加农业技术培训达 603 人次，12 人获得县以上农业技术人员证书。有 1 个村级文化站，藏书 600 册，月均使用 50 人次。村里有 2 个体育健身场所，没有棋牌活动，村民没有其他宗教信仰（见表 3-16）。

表 3-16　年庄村的科技与文化情况

项目	内容	项目	内容
是否设有农民文化技术学校 （是、否）	是	棋牌活动场所（个）	0
村内举办农业技术讲座次数 （次）	7	社团（老年协会、秧歌队 等）个数（个）	0

项目	内容	项目	内容
村民参加农业技术培训数量（人次）	603	村民最主要宗教信仰	0
获得县以上证书农业技术人员数量（人）	12	具有各种宗教信仰群众数量（人）	0
村民参加职业技术培训数量（人次）	374	是否有教堂、寺庙等宗教活动场所（①是；②否）	②
图书室、文化站个数（个）	1		
如有，活动场地面积（平方米）	—	建设与维护费用主要来源（①群众集资；②收费；③社会捐助；④其他）	④
藏书数量（册）	600		
月均使用数量（人次）	50	多久举行一次活动	0
体育健身场所（个）	2	平均每次活动参加人数	0

第六节　年庄村集体经济情况

年庄村没有集体经济的支撑，也没有多余的集体用地用于出租，村财务收入大多依靠上级补助，主要支出有水电等办公费、报刊订阅费以及困难户补助，但金额不大。村里还有 8.2 万元的欠账，包括以前拖欠村组干部的 3.9 万元、拖欠农户的 3 万元、欠商户的 0.9 万元以及拖欠教师的 0.4 万元；同时，也有 5.5 万元的应收账款无法收回。

在公共建设方面，主要整修了小学、村委会、卫生室、文化体育设施以及绢花生产车间，这些投入均来自上级拨款 295 万元，个人出资 8.5 万元整修卫生室，村里无财力投入（见表 3-17）。

表 3-17　年庄村的公共设施建设情况（2015 年以来）

项目	数量	建设开始时间	建设完成时间	投资额（万元）		
				农民集资	集体出资	上级拨款
学校（平方米）	4000	1989 年 10 月至 2015 年 8 月	1990 年 1 月至 2015 年 11 月	0	0	80
村办公场所（平方米）	2100	2016 年 6 月	2016 年 12 月	0	0	130
卫生室（平方米）	250	2015 年 10 月	2015 年 12 月	0	0	（个人出资）8.5
文化体育设施（处）	1	2016 年 9 月	2016 年 12 月			11
其他项目（注明）	绢花生产车间 1130 平方米			0	0	74

2015 年以来，年庄村在植树造林事项中践行"一事一议"，2016 年 5 月通过村民代表会议和村委会决定予以实施，出资出劳 118 户，户均筹资金额300 元，政府补助现金 4.5 万元。该活动在当年 6 月完成（见表 3-18）。

表 3-18　年庄村"一事一议"筹资出劳开展情况（2015 年以来）

事项	通过方式	建设开始时间	建设完成时间	筹资出劳户数（户）	户均出劳数量（个）	户均筹资金额（元）	政府补助（元）	
							补助现金	物资折合
植树造林	村民代表会议、村委会决定	2016 年 5 月	2016 年 6 月	118	0	300	45000	

另外，2016 年新建 1.5 公里村内道路，总共投资 49 万元，其中，财政专项扶贫资金 45 万元，群众自筹 4 万元，村民出行条件得到极大改善。2016 年对 26 户危房进行改造，总投资 16.8 万元均来自财政专项扶贫资金。

年庄村积极发展仿真绢花加工项目，财政专项投入 74 万元，建成一个产品展示厅，以扩大该项目的影响力，为此，使 170 户从事仿真花加工的农户受益。

2016 年，年庄村共计 4 人参加卫生计生技术培训，总花费 1.2 万元，来自行业专项资金。2016 年，新建村文化活动室 1 个，总投资 3.25 万元，来自财政专项扶贫资金。

从以上项目可见，年庄村发展集体经济条件薄弱，所有扶贫开发项目均需要上级的专项资金支持，没有一定的自生能力，这也是大部分中部地区贫困村的现状。唯一的"一事一议"项目，也是公益性的植树造林活动，通过村民出劳、财政补贴，这样的活动才得以开展。

第四章

对年庄村农户问卷调查的样本分析

第一节　农户家庭基本情况

本次调查问卷发放到 63 户家庭。在受访者家庭基本情况方面，涉及人数为 194 人，其中家庭成员在 4 人以下的有 48 户，7 人以上的有 4 户。在教育水平方面，户主的学历大多数在初中及以下，其中家庭中有中专（职高技校）及大专以上学历成员的数量为 17 户，占所调查住户总数的 27%，家庭成员受教育水平偏低。在家庭成员身体健康方面，调查中残疾或者患有大病成员的家庭数量有 14

户，占调查总户数的 22%，涉及人数 15 人，占总调查人数的 7.7%，身体健康的人数为 129 人，占总调查人数的 66%，总体来看，家庭成员身体情况良好。2016 年接受过体检的家庭为 14 户，约占总户数的 22%，共有 65 人参与体检，占总人数的 34%，占比较低，说明该村居民对体检的重视程度不够高。体检有助于人们及时发现身体问题，降低重大疾病的发生概率，在扶贫攻坚的重要阶段需要予以重视。值得注意的是，在被调查家庭中，完全丧失劳动力的家庭为 0，没有出现劳动力枯竭的情况。不过，在调查涉及的人群中有 42 人丧失劳动力，对于以农业为主的集体经济来讲，有比较大的影响（外出务工人数占调查涉及人数的比例仅为 38%，且大多数为乡镇内打工，且多数在农耕时节会参与劳动生产，因此可认为参与调查家庭以传统农业生产为主）。另外，在医疗保障和养老保障方面，90% 以上的调查所涉及人数拥有城乡居民基本养老保险和新农合（见表 4-1）。

表 4-1　年庄村的农户样本情况

项目	存在户数（户）	所占比例（%）	涉及人数（人）	占总人数比例（%）
有中专（职高技校）及大专以上学历成员的家庭	17	27	—	—
身体有大病以及残疾	14	22	15	7.7
接受过体检	14	22	65	34
完全丧失劳动力	0	0	42	—
家中外出务工（包括乡镇内）	32	50.80	73	38

第二节　农户社会联系情况

　　在调查中发现，当地的农村信用社、文化娱乐或兴趣组织和其他组织的普及度不高，而实际中这些组织的发展有利于增进当地村民间的交流和联系。在 63 户调查对象中，有 16 户表示清楚本村或者邻近有农村信用社，但仅有 2 户表示愿意参与农村信用社。在文化娱乐或者兴趣组织的相关访问方面，63 户调查对象中，仅有 23 户表示知道附近有相关娱乐活动，但仅有 16 户表示愿意参加。

在家庭关系方面，从夫妻关系与父母和子女关系的调查结果看，该村已婚家庭的成员关系较为和睦，另外，调查中有近 35% 的被访问者是单身状态。在夫妻关系方面，63 户被访问者中，结婚的有 39 户，其他的则为离婚、丧偶或者未婚。其中多数已婚者表示与妻子保持正常的电话联系且相互信任，在家庭大事上都会和妻子沟通，夫妻关系较为和睦。在与父母的关系方面，有 12 户被访问者表示每天都会与父母联系，11 户表示每周至少联系一次，仅有 1 户表示没事不会联系。在与子女的沟通方面，有 10 户被访问户表示每天都会沟通一次，16 户表示每周至少沟通一次，仅有 1 户表示没事不会沟通。

另外，当被问及临时有事时一般会找谁帮忙的问题时，88% 的被访问户表示会找自己的直系亲戚朋友；当被问及急用钱时你会向谁借的问题时，84% 的被访问户表示会找自己的亲戚朋友，在第二、第三选择上少部分被访问户会选择自己的邻居，而选择朋友和同事的被访问户极少，说明被访问户的社会交往范围比较小。

第三节 农户住房情况

对于住房条件，村民的满意度较高，但是基础条件仍然不算好。被访问的 63 户中，有 38 户表示满意或者比较满意，有 5 户觉得不满意，这 5 户的人均收入超过 6000 元，其中 4 户房屋面积大于 70 平方米，高于平均水平。在对待房子的态度上，访问结果显示新房较少，5 户表示自家的房子是在 2018 年后建造，36 户表示自家的房子是在 2010 年后建造，但是 48 户表示自家的房子是由砖混材料、钢筋混凝土构成，38 户表示自家的房子面积大于 50 平方米，可见，大多数人对自家的房子现状比较满意。在建造房子的花销上，大多数被访问户表示不超过 10 万元。在住房的相关配套上，有 37% 的被访问户表示家中有互联网，多数被访问户表示居住地距硬化公路在 500 米以内，且水泥及砂石路普及率达到 48%。在取水上，90% 的被访问户表示没有间断或定时供水或当年连续缺水时间超过 15 天的现象。但是，有 70% 的被访问户表示没有安装相应取暖设备，54% 的被访问户表示没有安装新式淋浴设备。在饮用水上，多数家庭使用井水和泉水（含保护及未保护）。在厕所的类型上，有 20 户被访问家庭安装了新式卫生间，还有 41 户采用旱厕方式。在烹饪上，71% 的表示仍采用柴草方式。另外，在垃圾处理上，多数被访问户选择院外沟渠或者随意排放，可见，年庄村在生活习惯和硬件设施方面仍然比较落后（见表 4-2）。

表 4-2　年庄村的农户住房情况

单位：户

	项目	数量		项目	数量		项目	数量		项目	数量		项目	数量
主要炊事用能源	柴草	45	厕所类型	传统旱厕	41	生活垃圾处理	送到垃圾点	3	生活污水排放	管道排放	7	入户路类型	泥土路	33
	罐装液化石油气	15		卫生厕所	20		定点堆放	16		排到家里	2		砂石路	3
	电	2		没有厕所	2		随意丢弃	40		院外沟渠	17		水泥或柏油路	27
	其他	1					其他	4		随意排放	37			

第四节　农户健康医疗与安全保障

一　健康医疗方面

在健康与医疗方面，63 户被访户中，有 42 户表示上年有医疗费用开销，大多数不超过 5000 元，医疗费用占家庭年收入比大于 20% 的仅有 3 户，这 3 户医疗费用主要是用于车祸、突发心脏疾病和癌症治疗。在自付费用占总医疗支出的比重方面 73% 的家庭占比低于 40%（见表 4–3）。

表 4–3　年庄村的农户健康医疗情况

单位：户，%

项目	有医疗开支家庭	医疗费用开销不超过 5000 元	医疗费用占家庭年收入比大于 20%
户数	42	29	3

二　安全保障方面

在安全保障方面，接受访问的 63 户中仅有 3 户表示遭遇过意外事故，其中有 1 户遭遇过重大交通事故，预计损失为 350000 元，这也是上文提及的高额医疗费用开支。有 11 户表示家庭因自然灾害而遭受财产损失，其中有 5 户遭受的损失超过 5000 元。在家庭的安全保障措施方面，选择最多的是养狗，有 39 户受访户表示有养狗，另有 17 户表示有安装防盗门。对于天黑后走夜路的安全问题，仅有 6 户表示不放心。在居民未来养老方式选择上，被访问户中选择最多的是依靠养老金，其次是依靠子女、个人劳动或者个人积蓄等（见表 4-4）。

表 4-4　年庄村的农户安全保障情况

安全防盗方式	无	安装防盗门	安装警报器	参加社区巡逻	养狗	其他
户数	—	17	2	8	37	2
养老方式	子女	个人积蓄	养老金	个人劳动	其他	说不清
户数	23	14	31	15	2	3

另外，在土地方面，被访问户中仅有 6 户表示没有耕地。在拥有土地的被访问户中，有 24 户表示上年遭受了自然灾害，35 户表示上年因市场价格下跌而损失 200 元到 3000 元不等。

第五节　农户劳动与就业情况

在劳动与就业方面，63 户被访户中涉及 70 位主要劳动力。有 16 户表示自家没有主要劳动力。在有

劳动力的家庭中，主要劳动力上年在家劳动时间大于
100 天的有 43 位，约占劳动力总数的 61%，主要劳动
力的农业劳务时间占比大于 70% 的有 31 位 [农业劳
务时间占比 = 本地自营农业（实际务农天数）/ 上年劳
动时间（不含家务劳动）]。在农业收入上，75% 的被
调查户表示上年农业收入超过 3000 元（见表 4-5）。

表 4-5　年庄村的农户劳动与就业情况

项目	自家没有主要劳动力（户）	主要劳动力上年在家劳动时间大于100天（位）	主要劳动力的农业劳务时间占比大于70%（位）	农业收入大于3000元（户）
数量	16	43	31	47

第六节　农户政治参与情况

在政治参与情况方面，被访问户中有 11 位党员，
同时有 13 户中有党员。73% 的受访户表示家庭在过
去一年中参与了村委会举办的投票活动和会议，74%
的受访户表示家人在上年参加了村民组召开的会议，
67% 的受访户表示家庭参加了最近一次的乡镇人大代

表投票活动，整体来看，年庄村村民的政治参与度较高。其中，党员家庭有参与集体政治活动的人数占总人数的 75%，略高于非党员家庭的 71%，差距很小。党员仍然要发挥带头引领作用，提高基层的政治参与率（见表 4-6）。

表 4-6　年庄村的农户政治参与情况

单位：人次，%

项目	党员家庭 参加集体政治活动	非党员家庭 参加集体政治活动
参加人数	39	142
活动参加总人数	52	200
占比	75	71

第七节　农户时间利用情况

在日常时间利用方面，有 50% 的被调查者表示自己平时比较忙，25% 的受访者表示自己正常，25% 的受访者表示自己不是很忙。如图 4-1 所示，在业余时间（工作、睡觉之外的时间）的主要活动方面，做家务、休息、看电视占比较大，读书看报、文娱体育活动和学习培训仅占到4%，可见，增加业余娱乐生活和基层知识宣传工作仍然任重道远。在调查中发现，超过 67% 的被访问者每天睡眠时间超过 7 小时，充足的睡眠时间有利于劳动力身体素质的保障。另外，多数访问者每周的工作时间在 50 小时以下，在正常的作业强度内，村民还是有比较多的时间可以利用。在关于文化娱乐或者兴趣组织的相关访问中，63 户被访问户中有 23 户表示知道附近有相关娱乐活动，但仅有 16 户表示愿意参加，可见，娱乐活动的普及度不够高。该村村民对业余时间的利用较为传统，今后可考虑基于村民需求组织娱乐活动，丰富村民的业余生活。

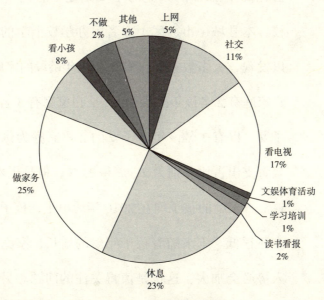

图 4-1　农户时间利用

说明：本书统计图，除特殊标注，均来自年庄村调研。

第八节　农户子女教育情况

在子女教育方面，家中有 3~18 周岁子女的共有 28 户，占调查总数的 44%，就读学校的主要类型为公办学校。仅以此 28 户家庭的调查结果为例，在孩子教育支出方面，仅有 5 户的教育经费支出占家庭收入的比重在过去一年超过 10%，14 户的教育经费支出占家庭收入的比重低于 5%（见表 4-7）。从统计结果可以发现，除了未上学的子女，教育经费支出占比低于 5% 的家庭的子女基本为在本村上学的中小学学生，而教育经费支出占比高于 10% 的家庭的子女则是在省内中等职业学校、本县城（市、区）或者民办学校上学的学生。可以发现，大多数家庭仅有 1 名该年龄段的家庭成员，9 户家庭有 2 名该年龄段子女，2 户家庭有 3 名该年龄段子女。以有 3 名该年龄子女的 2 户家庭为例，上年的教育支出占比分别为 2.3% 和 2.7%，但是仍然要注意，这 2 户家庭的孩子均在 2010 年后出生，孩子的教育成本还很低。未来随着孩子年龄的增长，家庭的教育投入势必会加大，这也是值得关注的问题。另外，全面放开二孩政策实施后，家庭未来教育投入问题也引起了社会关注。就此次统计可见，涉及的41名适龄子女中仅有2名是在2016年出生，被访问户并没有展示出极强的生育期望。因此，今后在教育工作中仍要重视加强村内的义务教育建设或者整合县城（市、区）教育资源，降低教育成本，减少家庭开支。

表4-7　年庄村的农户教育情况

单位：户，%

项目	家庭中含有年满3~18周岁子女的户数	教育经费支出占家庭收入比重高于10%的户数	教育经费支出占家庭收入比重低于5%的户数	对学校条件没有不满态度的家庭占比
统计结果	28	5	14	86

该项统计涉及适龄子女41名，其中，初中及以下适龄子女37名，在2016年全面开放二孩政策实施后新增加的儿童有2名。

第九节　农户脱贫扶贫情况

在针对扶贫脱贫情况的调研方面，共有54份质量较高的样本数据，其中曾经为建档立卡贫困户的有

35 户，非建档立卡贫困户的有 19 户。94% 的调查者表示政府为本村安排的各种扶贫项目合理，93% 的调查者认为本村贫困户选择方式比较合理，80% 的调查者为本村扶贫效果的打分在平均分以上。在曾经为建档立卡贫困户的 35 户中，有 25 户尚没有脱贫，但是均在 2020 年前可以实现脱贫。在针对农业种植的调查中，多数调查者表示花生种植是主要的农业产品，政府在农业生产上给予资金扶持。在补助方面，该村主要的补助为低保补助、五保补助、养老保险补助、土地补贴。另外，在针对扶贫的调查中，多数被访问户回答了为何贫困、扶贫帮扶措施是什么以及相关基础设施的改善等问题，具体如下。

如图 4-2 所示，在针对导致贫困的问题上，缺劳力、生病、缺资金、缺技术等是被提及最多的。如图 4-3 所示，在 2015 年以来实施的帮扶措施中，公共服务和社会事业（教育、医疗、低保等）、基础设施建设、发展生产排前三位。

如图 4-4 所示，在基础设施的完善方面，电入户、入户路以及危房改造等是被调查者反映其受益最大的，且多数被调查者对相关改善工作的效果表示满意。

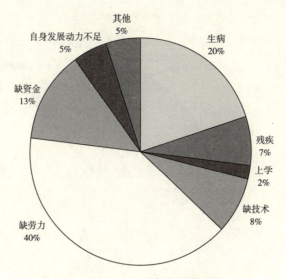

图 4-2　年庄村农户致贫原因

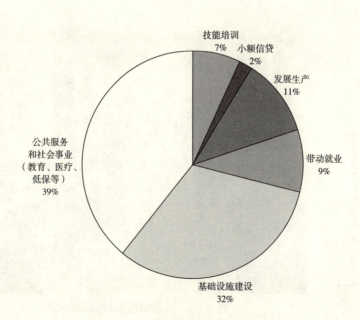

图 4-3　年庄村各类脱贫帮扶占比

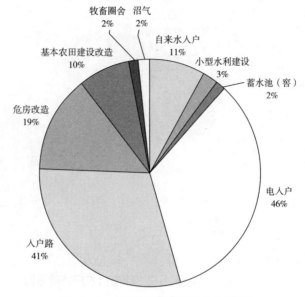

牧畜圈舍 沼气
2% 2%

自来水入户
11%

小型水利建设
3%

蓄水池（窖）
2%

基本农田建设改造
10%

电入户
46%

危房改造
19%

入户路
41%

图4-4　年庄村基础设施改善情况

图4-5　调研组进入村部等候村民

摄影：史习乐于 2017 年 7 月 7 日。

图 4-6　调研组指导村民填写问卷调查 I

摄影：史习乐于 2017 年 7 月 7 日。

图 4-7　调研组指导村民填写问卷调查 II

摄影：史习乐于 2017 年 7 月 7 日。

图 4-8　调研组指导村民填写问卷调查 Ⅲ

摄影：史习乐于 2017 年 7 月 7 日。

图 4-9　调查组指导村民填写问卷调查Ⅳ

摄影：史习乐于 2017 年 7 月 7 日。

图 4-10　调研组指导村民填写问卷调查 V

摄影：彤新春于 2017 年 7 月 7 日。

图 4-11　调研组指导村民填写问卷调查 VI

摄影：彤新春于 2017 年 7 月 7 日。

第五章

年庄村致贫状况及脱贫对策

年庄村自然条件恶劣，人均耕地面积较少，外出务工人员众多，加之失去劳动能力以及五保户人员的存在，村子前些年呈现一定的"空心村"现象。与此同时，孱弱的集体经济无法满足村民相关需求——村路的改善、垃圾的处理、自来水的供应，当然还有清洁能源的需求。如何合理发展满足村级需求的产业，如何有效吸引外出务工人员回村创业就业，并在发家致富的同时积极有效地参与美丽乡村建设，是年庄村精准扶贫工作中必须解决的问题。因此，针对年庄村的资源禀赋，县、乡、村级领导以及扶贫工作队开展了卓有成效的扶贫开发工作。

第一节　年庄村贫困发生情况

年庄村的贫困发生情况具有中部地区共有的一些特征，如人多地少，年庄村人均耕地面积 1.4 亩，且土地贫瘠，仅能解决温饱需求，因病致贫等情况时有发生，具体来说，存在以下几方面的问题。

一　自然资源约束明显

"以前村里道路坑洼不平，一到下雨天，路上全是泥，别说过车了，就是人走都困难。"年庄村党支部书记黄红义说，"咱这庄上的土特别黏，一下雨，泥巴待人特别'亲'，粘着你的鞋不让你走，有人把'年庄'叫成'黏庄'。"2012 年，年庄村被省、市扶贫部门列为整村推进扶贫开发重点。大部分黑黏土的地力有限，不像其他地方的黄土、黑土能肥沃两年三季，只适合种小麦、玉米、花生等农作物，农民收入有限，亩均收入不过几百元，且人多地少，外出打工成为当地村民增加家庭收入的主要方式。

二 农户总体收入不高

尽管我国在 2005 年就已经取消农业税，但年庄村历史欠账即便在 2010 年前后仍没有较大改观，尤其是那些劳动力不足、有学生的家庭，或拥有患病人员的家庭，开支往往较大，仅靠来自土地的农作物收入根本无法支撑。据村领导介绍，年庄村一半以上的家庭年收入不到万元，一年下来，能攒下几千元而没有欠外账的家庭是少数，对于大多数家庭来说若能够混个平手（收支大致持平）就算是很难得的平安年了。2010 年，年庄村农户人均收入不过千元，而这也还是得益于那些收入较高的农户拉高了平均水平。2008 年李富文回乡创业时，资产只有 3 台机器，起初只是摸索仿真花的制作。他的公司真正形成规模并能有效带动农户增收也是得益于 2012 年上级部门对口帮扶、大力协调资金支持。目前，年庄村仿真花业通过转型升级，已有 300 多个花色品种、30 多个花式造型。产业辐射带动周边 8 个乡镇、25 个村、400 多户贫困家庭，共计 2300 多人，采取领原料在家组装的方式参与生产，户均收入超过 1.2 万元。全镇共有 2000 名农村妇女在仿真花加工业就业，325 户贫困户实现了脱贫。年庄村大约有40户、近200名农村妇女和残疾人通过在仿真花加工业就业实现了脱贫。

三 贫困发生的几个因素

2017年课题组调查年庄村建档立卡贫困户时，有40户列示了主要致贫原因：排第一位的是缺劳力，占比为40%；排第二位的是生病，占比为20%；排第三位的是缺资金，占比12.5%；排第四位的是缺技术和残疾，占比均为7.5%。另外，主要致贫原因还包括自身发展动力不足（占比为5%）、上学（占比为2.5%）。没有人认为交通条件落后、缺土地等主要致贫原因（见表5-1、图5-1、表5-2）。

表5-1 年庄村建档立卡贫困户致贫原因（单选、多选）

单位：户，%

主要致贫原因	有效统计数	有效占比
生病	8	20
残疾	3	7.5
上学	1	2.5
灾害	0	—
缺土地	0	—
缺水	0	—

主要致贫原因	有效统计数	有效占比
缺技术	3	7.5
缺劳力	16	40
缺资金	5	12.5
交通条件落后	0	—
自身发展动力不足	2	5
因婚	0	—
其他	2	5

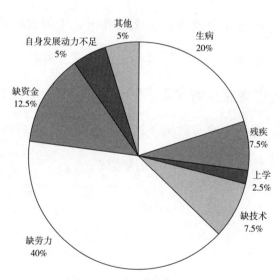

图5-1　年庄村致贫原因构成

表5-2　年庄村致贫原因构成

单位：户

项目	生病	残疾	上学	缺技术	缺劳力	缺资金	自身发展动力不足	其他
户数	8	3	1	3	16	5	2	2

四 农户收入分层化现象明显

近些年，在绢花产业发展以及务工收入增加的同时，年庄村农户收入出现明显分层化现象，两极化差距拉大。

在年庄村，农户收入的分层很明显，那些劳动力充裕、外出务工年头较久的家庭收入十分可观，大部分年收入超过5万元，有的达到近10万元，而低保户和五保户及因病等无法外出务工的农户收入状况很不乐观，有的仅能维持日常花销，有的尽管省吃俭用也只有很少的存款。贫困的发生跟每个家庭的实际情况有关，绝对贫困、相对贫困交织。富户资产达百万元，贫困户连住房都无力修缮。

第二节　年庄村精准扶贫对策

针对年庄村的贫困发生状况，社旗县、郝寨镇以及年庄村各级领导从宏观和微观层面认真施策，紧抓实效。

一 县、镇两级部门精准帮扶抓增收

作为国家级贫困县，社旗县以增加贫困人口收入为核心，综合运用"转、扶、保、救"四种途径，用足用活教育、交通、卫生、水利、电力等领域专项扶贫政策，高效整合扶贫资金，打好脱贫攻坚"组合拳"。突出产业扶贫的发展理念，大力发展特色种养加等扶贫项目，支持龙头企业及新型农业经营主体通过托管帮扶、股份帮扶等模式，帮助贫困群众持续稳定增收。积极培育乡村旅游、农村电商等新兴业态，拓宽贫困群众增收渠道。坚持扶贫与扶智相结合，依托"雨露计划"等培训渠道，对贫困群众开展实用技术培训，有序组织外出务工，实现"就业一人、脱贫一家"；以特色加工业为主，支持鼓励企业建立扶贫产业基地、"扶贫车间"，实现85个贫困村全覆盖，吸纳更多贫困群众在家门口就业。强力实施金融扶贫。充分发挥县财政风险补偿金、扶贫互助担保金的作用，撬动更多金融资本支持扶贫产业发展；引导贫困户加入专业合作社，用活"到户增收"和小额贷款资金，依托牧原公司等龙头企业实现稳定增收；积极鼓励农信社、邮储银行、农行等金融机构创新服务，支持更多涉农经济组织投身扶贫攻坚行列。落实兜底和救助扶贫。推进低保制度与扶贫政策有效衔接，通过政策兜底和临时救助，逐步将符合条件的低保人口全部纳入建档立卡贫困人口，切实保障困难群众基本生活。

郝寨镇坚持"造血"与"输血"并重，探索出符合郝寨实际的产业扶贫路径。坚持政府主导、龙头企业带动，建立贫困户参与机制和收益分配机制，让贫困户实现长期稳定脱贫。一是以"仿真花加工"为主的特色加工业，在年庄村已有10个仿真花"扶贫车间"的基础上，2017年又新建石桥、邢庄、闫台等5个仿真花、服装"扶贫车间"，"扶贫车间"累计达到15个，共带动贫困户325户980人增收脱贫。二是以"中药材、林果、三粉"为主的特色种植业，中药材以十里井鑫钟合作社为龙头，辐射带动全镇种植白芷、生地、杭白菊等中药材6000亩；林果种植依托S333线和S239线，以打造休闲采摘园为重点，全镇发展梨、桃、葡萄为主的林果面积5000亩，带动贫困户215户705人增收脱贫；三粉以秦氏生态农业为龙头，2017年种植脱毒红薯面积20000亩，新上三粉生产线10条，三粉产品重点在品质和品牌上下功夫，并通过电商拓宽市场，重塑"三粉之乡"品牌，带动贫困户120户345人增收脱贫。

二 转变传统农业模式，培育产业奔小康

根据县、镇两级政府的扶贫安排，年庄村也相应采取了跟进的发展举措，在产业培育、特色经济作物种植方面探索出路。2008年，务工返乡青年李富文创办文鑫花业，所生产的仿真花供不应求，市场前景广阔，但由于缺少资金，规模一直上不去。2012年，文鑫花业被确定为重点扶持项目，通过成立仿真花加工农民专业合作社走"合作社＋农户"的模式，产业规模逐步扩大。2012年年庄村村民奚保柱务工返乡后感到畜牧养殖是一个不错的致富门路，在工作队、村委和扶贫部门的帮助下，他筹款40多万元，搞起了肉羊养殖，现有肉羊存栏600多只，年均纯收益15万元，他成功摘掉了"贫穷帽"、走上了致富小康路。

打开村门广借外力，招商引资谋发展。年庄村充分发挥靠近县城的区位优势，千方百计招商引资，着力打造民营企业发展平台。目前，该村已引进广桓木

业有限公司、绿山泉饮品有限公司、年年丰种业有限公司、佰事达生态农业有限公司等。落户企业带动当地产业发展，并为村里富余劳动力提供了就业岗位，增加了村民的收入。

三 乡风重塑，打造美丽乡村

在"乡风重塑，打造美丽乡村"方面年庄村主要做了以下工作，一是改善基础设施，二是加强教育设施建设。

要想富、先修路，交通不便是年庄村贫困落后的重要原因之一。年庄村虽然地处县郊，但一直没有一条像样的出村公路。年庄村土壤多为砂姜黑土，土质黏性大、路又窄，村民长期生活在"晴天尘满村、雨天一身泥"的恶劣环境中，苦不堪言。在郝寨镇，"年庄"也有"黏庄"的叫法。道路不好既不便于交通出行，也制约了村内产业多元化发展。修建一条平坦整洁的出行道路成为年庄村老百姓多年来的渴望。扶贫工作队入驻年庄村后，急群众之所急，想群众之所想，积极与省、市、县有关部门协调，争取到60万元扶贫资金用于改善和修建村内道路。与此同时，郝寨镇大力支持年庄村绢花产业发展，在年庄村委会西边投资500多万元修建了一条长5公里的绢花大道，"三通一平"、水电缆样样齐全，并将全镇的绢花产业园建在年庄村头，远期产值争取上亿，打造冲出豫西、走向全国的绢花产业。这样，村级道路硬化、发展道路畅通，年庄村精准脱贫的硬件设施障碍基本消除。

本着"输血"与"造血"并举、"扶贫"与"扶志"相结合的原则，年庄村加强教育设施建设，输入新思想、开启群众心智，帮助村民转换观念、破解思想束缚。一是援建年庄小学。年庄小学建于20世纪80年代，年久失修，校舍破烂，设施陈旧，办公拥挤，教学环境差，安全隐患大，严重影响了义务教育质量。由于学校条件差，学生就学时往往舍近求远，为此，工作队员们看在眼里、急在心上，下决心要解决这个问题。他们主动与市县教育局、扶贫办多次协调，在省地税局党组的大力支持下，争取各方资金总计84万元，新建一栋教学楼，改建学校围墙、厕所、操场等附属设施，年庄小学成为郝寨镇设施最好的学校，拥有多媒体教室、校园广播室、阅览室等专用教室，还配有打印机、复印机、摄像机等教学设备，体育器材也达到了国家一级标准，该村落后的教育状况得以改变。二是帮助扩建整修村图书室和文化活动室。扩容图书室，增加农业、畜牧业、科普书籍，存书由当初的 2000 余册增加到现在的 6500 余册，提高村民科学文化素养。组织村委会成员和党员骨干学习政治理论和扶贫政策，提高基层党组织带领群众脱贫致富的能力。三是引入新思想，帮助村民转变观念。本着"请进来、走出去"的双向交流模式，邀请县委党校、县农技站、畜牧办的老师和专家举办专题讲座并播放科普及宣传教育片，重点讲授国家扶贫政策、农业增产增收、畜牧业养殖技术等内容，2015 年举办 5 期农村适用的农林牧业技术培训，共 500 余人次参与，提升了村民自身脱贫致富的技能和本领，得到了村民的拥护。组织村"两委"班子、村内企业负责人和养殖种植大户到外地参观学习，开阔眼界，学习借鉴外地脱贫致富的经验和做法。

通过助学扶贫、科技扶贫、思想扶贫等方式，让村民看到了自身同外地先富农民的差距，思想观念由原来的被动"等、靠、要、盼"政府支持救济转变为主动创业"拔穷根、谋发展"。组织村干部、村民代表外出学习参观，让他们开眼界、长见识、转观念、强素质；组织评选"好媳妇、好公婆"活动，积极打造孝道示范村，引领村民崇德向善。自2013年开始，每年春节前夕，工作队都专程慰问年庄村的特困户、五保户，逐一走访这些困难家庭，为他们送去了米、面、油、鸡蛋等生活用品，让他们每年都过上一个祥和、欢乐的春节。村民王俊发家有两名脑瘫儿童，行动不便、生活不能自理，为此，工作队积极协调县残联，为他们提供了两部轮椅。拿到轮椅时王俊发饱含热泪地说："感谢党、感谢政府。"这些年，工作队从点滴做起，从困难做起，视当地为家，把百姓当亲人，受到了全村百姓的拥戴。

四　有效配合扶贫工作开展，争取外援

年庄村的扶贫开发中很重要的就是派驻第一书记和扶贫工作队进村，争取上级单位的定点帮扶。这些先进的发展理念、热情的公仆精神以及得力的政策资金支持在年庄村精准脱贫工作中发挥了重要的作用。

2012年4月至今，上级向年庄村派驻扶贫工作队，工作队长期由3名成员组成，分别来自省级、

市级、县级地税系统（2012~2014 年成员为省地税稽查局副局长姚慧群、市地税稽查局副局长马林、县地税局科员付学义；2015 年以来成员为省地税稽查局副局长张兴昌、市地税稽查局副局长肖伟、县地税局副局长张合固），间或有乡镇干部参与。最近半年工作队队员平均在村工作 120 天，平均在村住了 100 天。工作队队员作为帮扶责任人共联系 74 户贫困户，主要工作内容有：重新识别贫困户、诊断致贫原因、引进资金、引进项目、帮助贫困户制订脱贫计划、帮助落实帮扶措施、参与脱贫考核等。村"两委"对工作队员的工作非常满意。

2016 年 3 月，郝寨镇政府派副镇长张显任年庄村第一书记。张镇长生于 1973 年 12 月，本科学历。第一书记最近半年在村工作 120 天，在乡镇住 180 天。作为帮扶责任人第一书记联系 9 户贫困户，到过全村 74 户贫困户，第一书记主要工作内容如下：重新识别贫困户、帮助贫困户制订脱贫计划、帮助落实帮扶措施、参与脱贫考核、接待处理群众上访等。2016 年第一书记的工作考核结果被评为优秀，村"两委"对第一书记的工作非常满意。

图 5-2　年庄村工体剪影

摄影：史习乐于 2017 年 7 月 7 日

　　"扶什么""如何扶""扶得好"这是扶贫工作队到任后面临的三道难题，对于初来乍到的扶贫工作队来说，也是严峻的考验。通过走村串户，调查研究，充分论证，力求扶贫工作精准到位，不走过场，围绕有钱帮、有人帮、有项目帮开展工作。

　　社旗县地理位置偏僻，工、农业基础薄弱，经济指标和综合排序多年来一直徘徊在全省 108 个县的后十位，是典型的农业大县、财政穷县，也是国家级扶贫开发重点县。年庄村与省地税局结对帮扶贫，2012 年该村的人均耕地面积 1.35 亩，农民人均纯收入 1812 元，贫困户 182 户、贫困人口 783 人，五保户37户，低保户89户，村内大部分青壮年劳动力以外出务工为主，占适龄劳动力的80%以上。通过深入剖析，年庄村的致贫原因如下：一是思想观念保守落后、文化素质较低，科技含量高的项目老百姓干不了；二是交通不便，路况差，出行难，好项目难引进；三是缺资金、缺项目，难带动；四是因病、因年迈丧失劳动能力的情况多，难参与。

扶贫工作队在调查走访中发现，该村有一个由务工返乡青年李富文开办的家庭作坊式的小绢花厂。扶贫工作队通过研判市场发展前景，了解到绢花产业是一个很有市场前景的朝阳产业，国内外市场需求量很大，兴起于香港、广东、浙江等沿海发达地区。由于近年来这些地区劳动力成本攀升，该产业逐步向内陆地区转移。绢花产业属于劳动密集型产业，无疑是带动群众脱贫致富的好项目。但原厂在村里场地小、厂房破，缺少资金、土地和厂房，经营规模一直上不去，且业主担心扩建风险、怕变求稳小富即安思想较重。为打消业主顾虑，扩大产业规模，带动当地就业，实现共同致富，工作队多次上门找业主李富文交流谈心、分析利弊、谋划长远，并动员县扶贫办等部门鼓励其扩大绢花生产规模，承诺帮助解决用地、资金等问题。扶贫工作队先后 10 余次到市、县、镇政府反映该厂情况，通力合作，最终为该厂协调到项目用地 4.2 亩用于扩大再生产，从而为"公司＋农户"的脱贫道路奠定了坚实的基础。

在扶贫工作队和市、县、镇三级扶贫办等有关部门的大力支持下，搬迁扩建的"文鑫绢花厂"在原有基础上投资 260 余万元，毗邻公路干道，便于外运外销，于 2013 年 8 月建成投入使用。绢花厂实行了"统一管理、统一品牌、统一销售"的经营方式，当年该厂即安排本村剩余劳动力 90 余人就业，仅 4 个月时间人均增收 2000 余元，产值也由几十万元增长到 160 余万元。绢花厂生产规模扩大后，为解决老百姓参与不足、资金不足的问题，工作队积极协调，争取多方支持，将其列入"南阳市扶贫到户增收工程"，使首批参与的 60 户农户享受户均补贴 4000 元。同时，工作队于 2013 年、2014 年两次组织技术骨干和村民 85 人次到浙江义乌学习参观，开阔视野，拓展思路，坚定其参与绢花生产、早日脱贫致富的信心。看到政府有补贴、进厂能拿工资，年庄老百姓由原来的犹豫不决"要我做"转变为"我要做"。自此，年庄村群众脱贫致富有了希望。

在各方共同扶持下，交通、资金、土地、厂房、人员等五大制约因素逐一被破除，年庄村的绢花产业实现了跨越式发展。2014年10月南阳文鑫工艺品有限公司成立，年产值达800余万元，新发展240个加盟户。2015年文鑫工艺品有限公司实现产值2300余万元，辐射带动成立8个加工分厂和15个组装点，周边共6个乡镇的1200余户农户、3000多名农民参与绢花产业，产品行销全国，远销海外，市场前景广阔。南阳文鑫工艺品有限公司总经理李富文感慨地说："要不是省地税局扶贫工作队和县扶贫办帮助，怎么也不会实现这么大的发展。"据统计，以郝寨镇年庄村为中心的6个乡镇的绢花产业，2016年总产值已达6000余万元，2017年过亿元，绢花产业促进了当地经济发展，更重要的是转移安置了农村富余劳动力、让老百姓有了比较稳定的收入。农民忙时种田、闲时务工，有的农民干脆把自家土地流转出去，专心在绢花厂做工。在绢花厂里按时上班的机器操作工平均月薪在2000元以上，而在家生产的配件组装工时灵活、技术要求不高，平均月薪在800~1200元。农村妇女多愿意在家进行绢花配件组装，钱虽不多，但不用外出打工受累，既不误农活，也可兼顾家庭。

仅 2015 年，绢花产业的发展壮大就使得年庄所在的郝寨镇 152 户贫困户 623 人脱贫致富，贫困户仅此一项年人均增收 800 元，绢花产业真正成为惠及社旗一

图 5-3　年庄村绢花产品展示厅

摄影：彤新春于 2017 年 7 月 7 日。

方百姓的富民产业。光明网、中国发展网、人民网河南分网、《河南日报》、河南电视台、映像网、《东方今报》等多家主流媒体先后报道了年庄村绢花产业发展情况，称年庄绢花为贫困村农民的"致富花"。

第六章

年庄村扶贫脱贫的效果和评价

几年来，年庄村扶贫工作取得了阶段性成果，解决了交通、教育、饮水、文化活动等方面的实际问题，年庄村生活环境、社会面貌得到了改善；以绢花产业为龙头，以畜牧业、烟草种植业、仓储业为辅助的多元产业蓬勃发展，如今，外出务工的少了，稳定就业的多了，贫困人口少了，自主创业多了。2012 年年庄村人均耕地面积 1.35 亩，农民人均纯收入 1812 元，贫困户 182 户、贫困人口 783 人，五保户 37 户，低保户 89 户。经过几年的精准扶贫，年庄村贫困户由 2012 年的 182 户减为 2015 年的 97 户、2016 年的 74 户，贫困人口由 783 人减为 118 人，整村脱贫目标能够在 2017 年底实现。2014 年 11 月，年庄村被省扶贫办评为"省级扶贫开发示范村"。

第一节 扶贫工作队的工作成效及评价

据不完全统计，2016 年，上级单位抽调地税局、县旅游局、郝寨镇政府共 23 人对年庄村贫困户实施结对帮扶。80 户贫困户涵盖低保户、五保户、一般贫困户三种类型。社旗县旅游局派出 20 人对 65 户贫困户进行帮扶，职级包括科员 18 人、纪检组长 1 人、副局长 1 人；郝寨镇政府 2 人帮扶 10 户贫困户，其中 1 人为副镇长；地税局由 1 个副局长帮扶 5 户贫困户。这样的结对帮扶力度不可谓不大。

当然，驻村扶贫工作也开展得细致有序，据驻村干部刘东阳介绍："自 5 月份开始我在郝寨镇年庄村参与驻村扶贫工作，被任命为驻村第一书记。近三个月来我严格按照上级扶贫攻坚工作安排部署，在省市县组织部门、扶贫办、镇党委和镇政府的指导帮助下，进村入户，认真了解村情民情，精准识别贫困户，严格进行贫困户识别，慎重退出，认真填写整理档卡，严格落实帮扶政策，帮助贫困户解难题、除民忧。"刘东阳带领驻村工作队，认真学习钻研党和国家的精准扶贫政策，吃透扶贫精神，打好基础。他广泛收集相关资料，学习相关文件，认真学习习近平同志关于扶贫工作的指示精神和相关讲话，研读学习上级关于精准扶贫工作的相关资料和文件。他充分认识到精准扶贫工作的重要性，在思想上予以高度重视，坚定了参与扶贫工作的信心；理解了精准扶贫工作的识别及退出政策和办法，掌握了工作的原则和方法；吃透了国家精准扶贫工作相关政策，找到了扶贫的措施和方法。"为了摸清农户的底子，找准贫困户，我和包村责任领导小组带领所有帮扶队员共32人，深入年庄村所有农户家中，和农户谈心，宣传精准扶贫政策，看住房、看衣柜、看家具电器、看农具、看粮仓、看饭菜，了解饮水条件、耕地面积、学生就学、外出务工、饲养牲畜、身体状况等情况，认真计算农户收入，统筹考虑'两不愁三保障'，进行精准识别。连续两周入户走访，共走访了500户农户，除去一些常年在外打工和居住的，走访入户率达到90%，对在家农户的走访率基本达到100%。鉴于年庄村距离县城较近、县城务工和居住人数过多的特点，我们广大帮扶队员牺牲节假日等休息时间，利用中午和晚上务工农民回来的时间进行走访，同时到年庄村、马庄自然村挨家挨户走访，做到了入户率100%。严格按照'四议两公开'工作法，进行识别和公示，广泛征求广大村民的意见。通过走访和公示，2017年共精准识别贫困户80户，其中五保户33户34人，低保户24户60人，一般贫困户23户61人，全村低保户、五保户纳入率100%，一般贫困户以大病户、残疾户为主，精准识别结果得到了广大群众的一致认可。"为了准确填写档卡，刘东阳为每户贫困户填写了两份明白卡，"市里组织互检之后，我和保存责任领导小组按照县里要求，组织了5位同志利用3天时间又重新填写了一遍，昼夜奋战，吃住在村。随后我们又按照上级要求，更改了申请书，核实了算账表和入户普查表，修改了帮扶计划，对每户的修改都不少于10次，力求做到尽善尽美、准确无误。先后召开培训会8次，培训人员100多人次，参加县内、镇内检查3次，不厌其烦，认认真真，精心修改，精益求精，下到了绣花功夫"。为了扎实推进精准帮扶工作，做到因户施策，帮扶到户到人，"我和帮扶队员深入农户家中促膝谈心，开导他们，帮其解放思想，放下包袱，力求做到扶贫先扶智。和农户一起想办法，选准扶贫突破口，帮他们出点子、想办法。扎实工作，为发展铺路，如利用县里提供的10万元扶贫资金为河口村、小朱营村修路，改善交通条件；为22户贫困户牵线，与南阳市文鑫花业签订到户增收合同，通过产业带动贫困户脱贫；为5户想养羊农户申请小额贷款，购买幼崽，发展养殖业；为部分贫困户争取危房改造项目，改善住房条件；为家有伤残人员的贫困户争取办理残疾证；为贫困户争取低保、免费体检、助学贷款等，切实为他们脱贫致富想办法、解难题"。

驻村帮扶工作队之所以得到老百姓的拥护，其扎实的工作作风和深入细致的工作方法无疑发挥了重要作用。

让一个长期贫困的农村由贫变富，需要当地政府和扶贫干部的长期努力和坚持。当前农村形势较为复杂，越是贫穷落后的地区积聚的矛盾就越多，所以在基层有"能管三军、不管一村"的谚语，可见农村扶贫工作的难度之大，非有思路、有能力、有魄力的

图 6-1　由地税局协调资金援建的年庄村村委会

摄影：肜新春于 2017 年 7 月 7 日。

干部不能胜任。因此，省地税局党组非常重视扶贫干部的选派，首批扶贫干部姚慧群、马林，现任扶贫干部肖伟、张合固，都是由省地税局党组直接挑选安排的，他们都是基层工作经验丰富、处理复杂问题能力强、有思路、能干事的优秀地税干部。年庄村扶贫工作取得的成绩，证明了他们没有辜负省地税局党组的重托和地方党委政府的信任。

　　结合实际，有序开展重点扶贫是精准扶贫工作取得成功的关键。通过总结年庄扶贫工作经验，工作队认为，要想定点扶贫工作持续稳定且取得实效，可分为"打基础、上台阶"的两步走战略。第一步，先行解决村内长期存在、群众呼声较大的基础建设问题。贫穷落后的地方，多有交通不便、教育落后、水电基础设施不全、文化活动贫乏等问题。扶贫工作先把这些问题解决了，既赢得了广大老百姓的拥护、凝聚了民心，又为下一步的经济发展打下了良好的基础。否则，这些地方本来经济基础就差，加上环境恶劣、交通不便、矛盾纠葛、缺少合适的从业人员等不利因素，再好的产业致富项目都难以存活发展。第二步，拓宽思路，找出切合当地实际情况的脱贫致富发展项目。这既要对定点村的基本情况有全面、透彻的了解，又要通过各种方式转变村民的思想观念，增强其创业意识、创新意识。在此基础上通过招商引资、市场调研和信息交流，寻求致富项目，培育致富带头人。一旦项目确定之后，在其起步萌芽阶段就要给予必要的政策引导、资金扶持，促使其不断发展壮大，并带动村民共同发展，实现整村推进、脱贫致富的目标。

第二节　年庄村精准扶贫的成效分析

　　2012 年开始，针对年庄村实施精准扶贫，村内道路、水电等基础设施完备，产业兴旺，乡风文明赢得了村民的认可。对于年庄村精准扶贫工作取得的成效，课题组采取了问卷调查的方式进行汇总分析。

一 基础设施方面

2017年课题组调查的63户农户，一部分人回答了他们享受到的基础设施情况，其中享受最多的基础设施是电入户、入户路、危房改造等。而农户渴求的自来水入户、小型水利建设等，还存在明显的不足，具体如表6-1所示。

表6-1 年庄村基础设施改善情况

单位：户

项目（可多选）	有效统计数
自来水入户	7
小型水利建设	2
蓄水池（窖）	1
电入户	29
入户路	26
危房改造	12
设施农业大棚	0
牧畜圈舍	1
基本农田建设改造	6
沼气	1
其他	0

村民对于基础设施建设项目是否满意呢？在被调查的建档立卡农户中，有 40 户给予了评价。其中，"非常满意"基础设施建设项目的占比为 45%；"比较满意"的占比为 45%；二者合计达到了 90%。另有 7.5% 的认为"一般"，"不太满意"的占 2.5%，"很不满意"的没有。可以说，年庄村的基础设施建设项目得到了非常正面的评价（见表 6-2）。

表 6-2　年庄村村民对基础设施建设项目的评价

单位：人，%

选项	有效统计人数	所占比重
非常满意	18	45
比较满意	18	45
一般	3	7.5
不太满意	1	2.5
很不满意	0	—
合计	40	100

二　帮扶措施方面

2017 年课题组调查的 63 户农户中，44 户回答了他们享受到的帮扶情况。其中，公共服务和社会事业（教育、医疗、低保等）占比最大，达 39%，基础设施建设占比 32%，而其他方面还有不少提升空间，具体如图 6-2、表 6-3 所示。

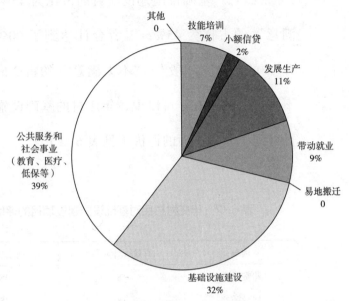

图 6-2　2015 年以来年庄村得到的帮扶措施

表 6-3　年庄村帮扶措施

单位：户

项目	技能培训	小额信贷	发展生产	带动就业	易地搬迁	基础设施建设	公共服务和社会事业（教育、医疗、低保等）	其他
户数	3	1	5	4	0	14	17	0

三　年庄村贫困户选择

从 2017 年的调查问卷看，在非建档立卡户中，认为本村贫困户选择"很合理"的占比为 31.6%，认为"比较合理"的占比为 52.6%，两者合计为 84.2%；认为本村贫困户选择"一般"的占比为 10.5%；认为"不太合理"的占比为 5.3%；没有认为"说不清"和"很不合理"的（见表 6-4）。这说明，年庄村非建档立卡户基本上认同贫困户的选择。

在建档立卡户中，认为本村贫困户选择"很合理"的占比为 54.5%，认为"比较合理"的占比为 27.3%，两者合计为 81.8%；认为本村贫困户选择"一般"的占比为 9.1%；"说不清"的占比为 9.1%；没有认为"不太合理"或"很不合理"的（见表 6-4）。这说明，年庄村贫困户高度认同贫困户的选择。

比较年庄村非建档立卡户与建档立卡户对贫困户选择是否合理的认识，认为"很合理"的非建档立卡户占比较建档立卡户占比低 22.9 个百分点；认为"比较合理"的农户占比，前者比后者高了 25.3 个百分点；认为"一般"的农户占比，前者与后者基本相当。只是有少数非建档立卡户认为"不太合理"，可能是因为自己或亲朋好友没有被选为贫困户。而回答"说不清"的建档立卡户，反映出渴望更加公平的不正常心态。总体而言，年庄村在选择贫困户方面还是相对公平的。

表6-4　年庄村农户对贫困户选择是否合理的认识

单位：户，%

选项	非建档立卡户		建档立卡户	
	有效统计数	有效占比	有效统计数	有效占比
很合理	6	31.6	6	54.5
比较合理	10	52.6	3	27.3
一般	2	10.5	1	9.1
不太合理	1	5.3	0	—
很不合理	0	—	0	—
说不清	0	—	1	9.1
总计	19	100	11	100

四　享受的扶贫政策

在调查中，年庄村19户非建档立卡户回答了"你家是否直接享受过扶贫政策"这一问题。其中，享受过扶贫政策的农户占比为5.26%，没有享受过扶贫政策的农户占比为84.2%，另有2户为"不知道"。有11户建档立卡户回答了问题，其中，2户（占18.2%）享受过扶贫政策，6户（占54.5%）没享受过扶贫政策（见表6-5）。在与村干部的交谈中得知，绝大多数建档立卡户都享受过扶贫政策，只是他们不太了解。非建档立卡户直接享受过扶贫政策的家庭比例远少于建档立卡户，因为有些扶贫政策是专门针对贫困户的，他们不能享受。在有效统计样本中，非建档立卡户享受的扶贫政策主要为特惠贷、房屋修建、特色产业等，建档立卡户享受的扶贫政策主要为贴息贷款、入股分红、技能培训等。

表6-5　年庄村农户对"你家是否直接享受过扶贫政策"的回答

单位：户，%

选项	非建档立卡户		建档立卡户	
	有效统计数	有效占比	有效统计数	有效占比
有	1	5.26	2	18.2
没有	16	84.2	6	54.5
不知道	2	10.5	3	27.3
总计	19	100	11	100

五　政府对建档立卡户的精准扶贫措施

年庄村有28户建档立卡回答了为本户安排的扶贫措施是否适合的问题。其中，认为"非常适合"的农户占比为57.1%，认为"比较适合"的农户占比为 35.7%，认为"一般"的农户占比为 7.1%，没有认为"不太适合""很不适合""说不清"的农户，具体见表 6-6 所示。

认为"非常适合"和"比较适合"农户所占比例达到了 92.8%，表明农户基本上认可政府给自己安排的扶贫措施，当然也有少数农户认为给自己安排的扶贫措施比较一般，针对性不强。对此，需要扶贫工作者总结经验。

表 6-6   年庄村农户对政府为自己安排的扶贫措施的看法

单位：户，%

选项	有效统计数	有效占比
非常适合	16	57.1
比较适合	10	35.7
一般	2	7.1
不太适合	0	—
很不适合	0	—
说不清	0	—
总计	28	100

年庄村建档立卡户对于扶贫项目的评价方面，认为"非常满意"的农户占比为 53.6%，认为"比较满意"的农户占比为 35.7%，认为"一般"的农户占比为 10.7%，认为"不太满意""很不满意"的农户没

有。这说明大部分贫困户对扶贫项目是比较满意的（见表6-7）。

表6-7　年庄村建档立卡户对于扶贫项目的评价

单位：户，%

选项	有效统计人数	所占比重
非常满意	15	53.6
比较满意	10	35.7
一般	3	10.7
不太满意	0	——
很不满意	0	——
合计	28	100

那么，政府安排的扶贫措施对建档立卡户的扶贫效果如何呢？

在年庄村28户回答该问题的建档立卡户中，认为效果"非常好"的，占比为50%，认为效果"比较好"的，占比为25%，认为效果"一般"的，占比为21.4%，认为效果"不太好"的，占比为3.6%，没有农户对于扶贫效果回答"很不好""说不清"（见表6-8）。

农户认为扶贫效果"非常好"和"比较好"的占比为75%，说明贫困户对于政府的扶贫措施的效果基本上是满意的，但也有少数贫困户认为效果"一般""不太好"，说明扶贫政策还需要进一步做实做细。

表6-8 年庄村农户对于自身扶贫效果的评价

单位：户，%

选项	有效统计数	有效占比
非常好	14	50
比较好	7	25
一般	6	21.4
不太好	1	3.6
很不好	0	—
说不清	0	—
总计	28	100

六 政府对扶贫措施的安排

本次调查中，年庄村2户非建档立卡户、28户建档立卡户回答了"政府为本村安排的各种扶贫项目是否合理"这一问题。

在非建档立卡户中，认为"很合理"的农户占比为50%，认为"比较合理"的农户占比为50%，没有认为"一般""不太合理""很不合理""说不清"的农户（见表6-9）。

在建档立卡户中，认为"很合理"的农户占比为53.6%，认为"比较合理"的农户占比为35.7%，认为"一般"的农户占比为10.7%，没有认为"不太合理""很不合理""说不清"的农户（见表6-9）。认为"很合理"与"比较合理"的建档立卡户占比达到了89.3%，显然他们基本上满意政府为本村安排的扶贫项目。建档立卡户中没有回答"不太合理""很不合理""说不清"的，认为"一般"的农户占比达到10.7%，可见他们高度认可政府为本村安排的扶贫项目。

表6-9　年庄村农户对政府为本村安排的扶贫项目的看法

单位：户，%

选项	非建档立卡户		建档立卡户	
	有效统计数	有效占比	有效统计数	有效占比
很合理	1	50	15	53.6
比较合理	1	50	10	35.7
一般	0	—	3	10.7
不太合理	0	—	0	—
很不合理	0	—	0	—
说不清	0	—	0	—
总计	2	100	28	100

那么，年庄村农户对于本村扶贫措施的效果评价如何？

在回答该问题的 2 户非建档立卡户中，认为效果"很好"的占比为 50%，认为效果"比较好"的占比为 50%，没有人认为效果"一般""不太好""很不好""说不清"（见表 6-10）。

在 29 户建档立卡户村民中，认为效果"很好"的占比为 55.2%，认为效果"比较好"的占比为 34.5%，认为效果"一般"的占比为 10.3%，没有人认为"不太好""很不好""说不清"（见表 6-10）。

对本村扶贫效果评价为"很好"与"比较好"的非建档立卡户占比达到了 100%，可见他们基本认可政府为本村安排的扶贫项目。建档立卡户中回答该问题时选择"很好"与"比较好"的占比 89.7%，可见他们高度认可政府为本村安排的扶贫项目。没有人否认政府安排的扶贫项目产生的良好效果。但建档立卡户中有 10.3% 的受访者认为效果"一般"，说明政府在扶贫开发方面还有很大的努力空间。

表 6-10　年庄村农户对政府安排的扶贫项目效果的评价

单位：户，%

选项	非建档立卡户		建档立卡户	
	有效统计数	有效占比	有效统计数	有效占比
很好	1	50	16	55.2

选项	非建档立卡户		建档立卡户	
	有效统计数	有效占比	有效统计数	有效占比
比较好	1	50	10	34.5
一般	0	—	3	10.3
不太好	0	—	0	—
很不好	0	—	0	—
说不清	0	—	0	—
总计	2	100	29	100

七 脱贫结果方面

本次问卷调查中，有 10 户已脱贫。对于村委会认定他们已脱贫的结果，有 80% 的农户表示满意，有 20% 的农户表示无所谓。这说明大多数贫困户对脱贫结果的认定还是满意的（见表 6-11）。

表 6-11 年庄村脱贫户对于自己脱贫结果的认可

单位：户，%

选项	有效统计数	有效占比
满意	8	80
不满意	0	—
无所谓	2	20
总计	10	100

年庄村农户在自家脱贫认定程序上态度怎样呢？

在村委会认定他们脱贫结果的程序上，已脱贫的 12 户农户中，有 83.3% 的农户表示"满意"，有 16.7% 的农户表示"无所谓"。这说明大多数贫困户对脱贫结果程序的认定还是认可的。当然选择"无所谓"的农户也存在，表明部分农户认为在脱贫认定程序上存在争议，需要改进（见表 6-12）。

表 6-12　年庄村村民对于自家脱贫程序认定的态度

单位：户，%

选项	有效统计数	有效占比
满意	10	83.3
不满意	0	—
无所谓	2	16.7
总计	12	100

建档立卡户对于本村扶贫效果如何评价呢？

在 29 户建档立卡户中，认为本村到目前为止扶贫"非常好"的占 58.6%，认为"比较好"的占 31.0%，认为"一般"的占 10.3%（见表 6-13）。

认为扶贫效果"非常好"与"比较好"的农户占比达到了 89.6%，表明多数农户认可本村的扶贫效果。当然，也有农户认为扶贫效果"一般"，这需要乡村干部探究其中的原因。

表6-13　年庄村村民对于本村扶贫效果的认可

单位：户，%

选项	有效统计数	有效占比
非常好	17	58.6
比较好	9	31.0
一般	3	10.3
不太好	0	—
很不好	0	—
说不清	0	—
总计	29	100

第七章

年庄村精准扶贫的经验及问题

年庄村精准扶贫的主要经验是，上级单位对口帮扶作用明显，在产业培育上发挥当地人员及资源优势，重视基础设施在扶贫工作中的重要功能，积极发展扶贫产业。在整村脱贫的基础上，重塑乡风文明。当然，年庄村在实施精准扶贫的过程中也存在一定的问题，依靠对口单位引入配套资金的模式不具有推广价值；一些影响当地经济发展与居民生活的清洁能源使用、垃圾无害化处理等问题没有得到解决；美丽乡村建设还需要投入大量资金，村集体经济孱弱，村庄发展的内生动力不足。

第一节　年庄村精准扶贫的经验

一　精准识别是精准扶贫的基础，更是每个贫困户都能脱贫的根本保障

对此，社旗县年庄村按照省、市关于"开展建档立卡'回头看再核实'、把识别工作进一步做实做细活动"的要求和《河南省扶贫对象精准识别及管理办法》，用一个月的时间开展了建档立卡"回头看再核实"活动，严格遵守"坚持标准、综合考量、民主评议、群众认可"的精准识别原则，严格遵循"一进、二看、三算、四比、五议、六定"的精准识别方法，严格执行"本人申请、村民评议、村'两委'确定、乡镇党委政府核定"的精准识别程序，确保应进则进、该退则退，不漏一人、不错一户。

年庄村村部外面都张贴着贫困户名单公示。路过的村民都表示，现在贫困户的认定和识别都是公开、公正、透明的，如果对贫困户的认定有疑问，可以直接反映到村委会。据了解，年庄村在精准识别方面把握重点，把精准再识别的材料做实做细。

其形成的识别材料有《贫困户申请书》、《村民代表大会民主评议会议记录》、《村贫困户初选名单公示》、《关于审核确认贫困户的报告》、《乡镇贫困户审核确认情况》（必须有"六签字"）、《关于复审贫困户的报告》、《清退不合格贫困户排查登记表》、《清退不合格贫困户排查汇总表》、《新增贫困户统计表》等，对这些识别过程中形成的材料按照要求分别由村、乡镇、县三级保存，立卷归档，留案备查，打牢基础。

二 基础设施建设扶贫

集中社会力量，加大贫困地区基础设施建设投入力度，改善贫困地区发展条件，是落后地区实施精准扶贫过程中的重要措施。[①]

年庄村在发展中，享受到了政府在基础设施建设方面的大力扶持。通往年庄村的高等级公路早已修好。村内通组道路也在政府资助下修建成水泥路。村外的机耕路、人行便道等，也是在政府资助下修建起

---

① 许贵舫：《强化产业扶贫，打赢精准脱贫攻坚战》，光明网，2018年8月22日。

来的。修建饮水工程、修建农资超市、修建农民文化活动室、改造农村危房、整修村民住房等都得到了政府扶贫资金的大力资助。

基础设施建设扶贫，改善了农村的基础设施状况，美化了乡村环境，破除了发展中的制约瓶颈，推进了精准扶贫工作的深入。

三 培育产业扶贫 [①]

本着精准扶贫、定向扶贫的原则，年庄村发展壮大绢花富民产业，走出了一条产业扶贫、教育扶贫、定向扶贫的精准扶贫新路子。文鑫花业产业扶贫基地采用"公司+车间+贫困户"的运作模式，辐射带动周边乡镇810户2100人就业，其中561户1680名贫困村民实现了脱贫致富。其中年庄村100多名贫困村民进入工厂就业，124人以散户形式在家加工组装。年庄村的村支书、村主任带头办起了"扶贫车间"，吸纳当地富余劳动力就业，每人月均收入超过2000元；周边村里办起了15个组装点，

① 郝涛：《以产业扶贫增强贫困地区造血功能》，《经济日报》2019年6月19日。

农村妇女可在家进行配件组装，月均收入也能超过1000元。年庄村的绢花产业越做越大，不仅成为本村脱贫致富的龙头产业，还辐射带动周边6个乡镇、3000多名农民参与其中，成为一项名副其实的"富民产业"。富起来的年庄人也有了更大的担当。他们与社旗县残疾人就业培训中心联合举办培训班，对全县范围内有致富意愿的残疾人进行技能培训。如今，该培训班已经举办了9期，有400多人次参与，近百名残疾人掌握了绢花组装技能。年庄村通过发展产业，增加了贫困户收入，为农户稳定脱贫开辟了一条产业道路。年庄村一位贫困户表示，通

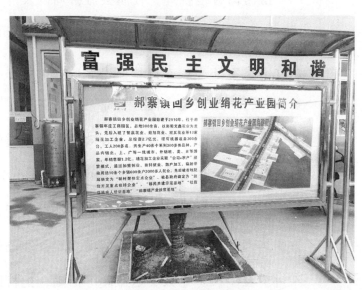

图 7-1　郝寨镇回乡创业绢花产业园

摄影：史习乐于 2017 年 7 月 7 日。

过县里、村里开展的到户增收项目，年均新增收入
1.8万元，脱贫致富不再是奢望。

在年庄村中药材产业扶贫基地，千亩白芷种植园
一望无际，机械采收、人工抢收成为一道美丽的田园
风景。通过实施"合作社＋基地＋贫困户"的种植模
式，包括年庄村在内的郝寨镇中药材产业扶贫基地已
达5个，辐射带动200多户农户参与发展中药材产业，
年人均增收超过26000元。

四 扶贫工作队发挥了重要作用

由河南省地税局、社旗县旅游局以及郝寨镇政
府联合组成的扶贫工作队在年庄村精准脱贫过程中
发挥了重要作用，表现在以下方面：帮助识别确定
贫困户，帮助制定、监督、完善扶贫工作；通过相
关渠道争取到部分资金用于有效改善年庄村的基础
设施，包括村路硬化、村委会改建、年庄小学重建、
相关办公设施及教学设备的配备；扶贫扶智，加强
技能培训教育、进行乡风民俗的重塑，通过开展过
年过节看望孤寡老人、送温暖等活动，把村民的善
心激发出来。

五　以"党建＋"作为精准扶贫的重要抓手，坚持用党建助力脱贫，切实把组织优势、组织资源、组织力量转化为推动脱贫攻坚的发展优势、发展资源、发展力量

一是抓好基础建设。在"两新"组织文鑫花业组建党支部，把党组织建在精准扶贫第一线，带动贫困群众脱贫增收。二是充分发挥支部书记"领头雁"作用。制定和完善支部书记千分制考评和分级管理意见，将脱贫攻坚作为最高分值纳入考评内容，考评结果与工资待遇挂钩，激发党员干部干事创业激情。三是充分发挥党员干部引领作用。党员干部带头干事创业示范作用更加明显，党员干部主动与贫困群众结对帮扶，带头发展产业，在自富的同时，在资金、技术、物资等方面给予贫困户帮扶，实现与贫困户共同致富奔小康。

六　发挥配套扶贫措施的作用

从年庄村农户致贫原因看，许多农户不只是因无就业门路而贫困，还包括因家庭成员得重病而贫困、因子女上学负担沉重而贫困等。这就需要政府制定综合扶贫措施，改变农户贫困状态，并阻断贫困再发生的渠道。

社旗县政府、郝寨镇政府以及年庄村村委会建立了社会保障兜底扶贫机制，重点开展了医疗救助、"五保"供养、养老保险、住房救助、临时救助等。开展了教育精准扶贫，帮助许多贫困户摆脱了贫困。年庄村一些建档立卡户的脱贫，正是在配套扶贫措施支持下实现的，配套扶贫措施有效地阻断了发生返贫的途径。

第二节　精准扶贫中存在的问题

一　年庄村的精准扶贫，政府大规模的前期投入发挥了重要作用，这一模式具有特殊性

2012 年以来，年庄村在修路、修建饮水池、危房改造、人居环境整治等方面，据不完全统计，政府拨款及社会各界捐赠资金达到了上千万元，558 户

2068 人户均 17921 元，人均达到 4386 元。显然，政府及社会各界投入年庄村扶贫的资金不是一笔小数目。依靠政府大量投入的扶贫模式不具推广性，还要根据各地资源禀赋进行合理规划设计，投入产出比必须认真予以核算。[①] 在年庄村这一投资回报极其丰厚，按最近几年绢花产业的产值估算，年产值上亿元不是问题，那么该投资回报比大约是 1∶10，1000 万元撬动了 1 亿元，还有可能是 3 亿元、10 亿元的前景。这是政府的眼光，更是落地产业的精准和地域适应性。各种有利因素的组合不是每个地方都能够成功复制的。

二 精准扶贫中一些影响当地经济发展与居民生活的短板尚未补齐，美丽乡村建设任重道远[②]

年庄村发展中还存在许多短板。在调研中，据村支书介绍，全村道路未实现全部硬化，其中，小朱营村村内道路 3500 米，河口自然村村内道路 2500 米，年庄自

---

① 张安毅：《我国农村集体经济组织的角色扭曲与社会变革背景下的立法重构》，《理论与改革》2017 年第 3 期。
② 孔祥智、高强：《改革开放以来我国农村集体经济的变迁与当前亟需解决的问题》，《理论探索》2017 年第 1 期。

然村村内道路 500 米，以上合计 6500 米道路急需修整。另有田间 20000 米生产道路需要硬化。全村 2068 人已实现安全饮水。为保证灌溉用水，还需修建灌溉用工程井 34 眼及相关配套，如江河桥 1 座、蓄水池 4 座。生产用电覆盖率为 25%。现有卫生室 1 所，配置基本达标，但亟待升级。文化广场已建成，需配套健身器材。年庄村"两委"规划脱贫后的美丽乡村建设还需要 1400 多万元的硬件投资，这是阻碍年庄村进一步发展的大问题，需要认真思考并采取行之有效的方法予以解决。

三　村集体经济不强，发展的内生动力不足

壮大集体经济是实现内生增长的重要途径。如何发展年庄村的集体经济，这不是年庄村自身能够完全解决的问题，还需要纳入郝寨镇发展统一规划、纳入社旗县全域发展统一规划。与此同时，精准扶贫措施的细化有助于保证公平正义、共同富裕，只有全村居民的幸福感、获得感得到满足，才能使美丽乡村建设落到实处。而如何发展壮大集体经济，如何以集体经济带动各种经济体参与美丽乡村建设是今后很长一段时期需认真考虑的问题。

四 重塑乡风文明是一个系统工程，年庄村的探索已经有了一定价值，但还有许多工作要做 [1]

绢花产业和其他产业的发展，使年庄村外出务工现象逐渐减少，本地就业成为新趋势。为此，各种民俗活动得以有效开展，村民大会、技能培训等集体活动也能落到实处，年庄村大舞台、村部绢花展示厅更成为吸引村民的热闹场地。重塑乡村文明不是一时一事、割裂的，如何建立健全美丽乡村建设的长效机制，显然还有许多工作要做。

---

[1] 王立胜、刘岳：《新时代乡村工作的总纲目总遵循》，中国网，2018年3月11日。

第八章

年庄村对接乡村振兴的问题与思考

2017 年 10 月，十九大报告指出，实施乡村振兴战略。农业、农村、农民问题是关系国计民生的根本性问题，必须始终把解决好"三农"问题作为全党工作重中之重。2017 年底，中央农村工作会议全面分析"三农"工作面临的形势和任务，研究实施乡村振兴战略的重要政策，部署 2018 年和今后一个时期的农业农村工作；12 月 29~30 日，全国农业工作会议在北京召开。会议总结 2017 年及过去五年工作，研究实施乡村振兴战略措施，部署 2018 年重点工作。①

① 张杨、程恩富：《壮大集体经济、实施乡村振兴战略的原则与路径——从邓小平"第二次飞跃"论到习近平"统"的思想》，《现代哲学》2018 年第 1 期。

对于年庄村来说，一边是扶贫攻坚进入尾声，另一边是乡村振兴战略的战鼓已经隆隆作响。前期扶贫资助经费的投入已经初步改善了年庄村的村容村貌，并很好地支撑起了产业繁荣的基础，1400多万元的基础设施建设经费从哪里筹、如何激发年庄村的内生动力，这些都需要通盘考虑、合理谋划。其实，不仅对年庄村如此，对国家级贫困县——社旗县来说也是如此。脱贫攻坚在路上，新的发展战略也已经绘就蓝图，对于年庄村如何对接乡村振兴，应该进行深入的探索和思考。

第一节　制约年庄村乡村振兴的因素

农业、农村、农民问题是关系国计民生的根本性问题。习近平总书记指出："要坚持农业农村优先发展，按照产业兴旺、生态宜居、乡风文明、治理有效、生活富裕的总要求，建立健全城乡融合发展体制机制和政策体系，加快推进农业农村现代化。"年庄村要想率先完成乡村振兴的任务，还需要解决一系列制约因素。

空心化老龄化严重。年庄村人多地少,青壮年外出打工等因素造成人口流动大,常住人口较少,留守人口多为老弱病残者。[①] 按照当地人的说法,有本事的都出去了,没本事的才留在家里。据统计,留在村里的人数不足总人数的 1/3,且人口老龄化问题严重,"五保户"及丧失劳动能力者的占比较高。在调研中发现,年庄村在乡村振兴起步阶段,村里人口数量和素质状况不容乐观。这说明村庄对多数年轻人没有吸引力,他们对家乡的生产劳动的关注力下降,无法相信能在家乡过上更美好的生活。由于多数能干的年轻人选择外出打工,村里包括村组长在内的主要干部无论是年龄还是学历对于推动乡村振兴都是很不够的。为了振兴乡村,必须有效地吸引更多有志于返乡奉献、年轻有为的有志之士。

村集体经济严重滞后。[②] 要实现共同富裕,就必须有集体经济,集体富了,个人才能富在其中。相反,没有集体经济,没有集体的富裕,就永远不会实

---

① 赵冈:《重新评价中国历史上的小农经济》,《中国经济史研究》1994年第 1 期。

② 倪国华、蔡昉:《农户究竟需要多大的农地经营规模?——农地经营规模决策图谱研究》,《经济研究》2015 年第 3 期。

现共同富裕，就永远有贫困户的存在，贫富分化也会加剧。习近平同志在《摆脱贫困》之《扶贫要注意增强农村两级集体经济实力》中谈道："有的同志说，只要农民脱贫了，集体穷一些没有关系。我们说，不对！不是没有关系，而是关系重大。"农村几十年分田单干的历史实践已经清晰演绎出了这样的结果，那些把集体资产分光吃净的村庄已经一盘散沙，多数年轻人外出打工，农村毫无生机和活力，各种矛盾错综复杂。而那些集体经济发展很好的村庄，没有贫富差距，福利项目众多，很少外出打工，社会治安良好。多数农村集体经济的弱化或名存实亡，才导致农村贫困人口的产生、贫富差距的扩大。当前，农业生产中的一些先进技术和设备的应用受制于家庭财力，现代农业发展受组织化程度低的制约。[①] 同时，农村剩余劳动力倾向于流向大中城市，农村的基础设施、公共服务、资金和人才等都处于供应严重不足的状况。农村经济以单一的农业生产为主。

年庄村内生动力不足，综合支撑能力有待提高。当前，年庄村离实现乡村振兴及全面建成小康社会

---

① 隋福民：《规模经营对中国现阶段的农业发展重要吗？》，《毛泽东邓小平理论研究》2017年第5期。

的目标还有较大差距，主要表现在：经济总量偏小、综合实力仍然不强，农村常住居民人均可支配收入4000元左右；产业结构不够优化，特别是主导产业竞争力还未完全形成，对农业农村发展的支撑作用不够；乡村建设后劲不足，教育培训、医疗、养老等民生事业还需大幅提升，公共服务供给能力需进一步加强。特别是建档立卡群众脱贫基础比较薄弱，因灾、因病、因学返贫的情况随时可能发生，丧失劳动能力和无劳动能力的脱贫人口占比较高，政策兜底任务依然很重；集体经济收入来源有限，基础较为薄弱。这些是影响乡村振兴、全面建成小康社会的关键因素，必须高度重视，采取针对性措施，认真加以解决。[①]

第二节　重视扶贫开发的规模效应

年庄村的产业发展可以说是对产业关联、连片开发这一政策效果的最好诠释。

----

① 段龙龙、张樱：《论我国农村集体经济组织公有性质弱化及其应对》，《农村经济》2013年第9期。

年庄村中药材产业扶贫基地是郝寨镇中药材产业的延伸。郝寨镇2015年开始依据国家惠农政策，充分发挥资源优势，着力中药材产业发展。通过实施"合作社＋基地＋贫困户"的种植模式，发展中药材产业扶贫基地5个，辐射带动200多户农户发展中药材产业，年人均增收超过26000元。年庄村千亩白芷种植园的机械采收、人工抢收成为深秋大地一道美丽田园风景。

2013年，省扶贫工作队和社旗县扶贫办经过全面调研和科学评估，决定对李富文的企业进行扶持。经过多次协商，县扶贫办采用了以下扶持措施：其一，扶贫资金发放给贫困户；其二，贫困户将这笔资金投入李富文的企业作为股份；其三，吸收贫困户中的劳动力到企业上班；其四，贫困户中的劳动力可获得较其他员工高10%的工资或分红。基于政府扶持，李富文把生产车间搬迁到郝寨镇在该村创建的工商园区内，规模扩大了3倍，并挂牌成立了郝寨镇文鑫花业产业扶贫基地（以下简称"文鑫花业"）。县扶贫办和郝寨镇党委、政府及时予以指导，对这个扶贫基地确立了"'建基地、兴产业、富农民'，走'公司＋车间＋贫困户'的运作模式，重点实施以绢花加工为主的产业脱贫"的思路。按照这一思路，文鑫花业购买机器设备，扩大生产规模，逐步吸收贫困村民进厂工作，到2014年，企业年产值突破4000万元，产品远销海外，形成了产销两旺的可喜局面。生产规模不断扩展，扶贫方法不断创新。社旗县扶贫办和文鑫花业密切协作，采取了"扶持办厂""工厂就业""散户加工"三种扶贫方式。对有自主创业能力的群众，通过扶贫到户增收项目补贴，厂里对其免费进行培训，并帮助上设备、回收产品，扶持其快速成长；对有劳动能力但缺技术的贫困户，免费进行培训，将其直接招聘到文鑫花业上班，月收入一般在1600～2200元；对行动不便或身有残疾的贫困户，鼓励在家代加工、手工组装，计件发工资，月收入800元左右。通过采用上述三种办法，文鑫花业周边快速形成了12家仿真花"扶贫车间"，购置机器设备300余台，辐射带动周边10余个乡镇810户2100人就业，其中年庄村100多名贫困村民进入工厂就业，124人以散户形式在家加工组装。下面一则新闻报道就反映了这种情况。

2017年11月16日，在河南省社旗县郝寨镇年庄村文鑫花业，走进生产加工车间，加工机床有序地排列着，工人们按部就班、各司其职，一派繁忙的景象。文鑫花业成立于2010年，由回乡创业青年李富文创办，主要进行仿真花加工，采取"公司＋车间＋贫困户"的经营模式，通过加盟创业、培训就业、散户加工、入股分红四种方式，带动贫困户脱贫致富。

加盟创业。针对有自主创业意愿、有一定技术基础的贫困户，文鑫花业给予资金扶持，帮助买机器、上设备，提供原材料、模具和技术支持，生产产品全部回收。去年以来，已有10户贫困户通过加盟，利用自己房屋、空地建成扶贫车间10个，在实现自身脱贫的同时，带动更多贫困户脱贫致富。

培训就业。针对有劳动能力但缺乏技术的贫困户，文鑫花业免费进行技术培训，直接聘到车间上班，现公司车间200多人，其中贫困户65人，每月人均收入1800元以上，均已实现脱贫。

散户加工。针对行动不便，或需要在家照顾家人的贫困户，文鑫花业在周边村庄设立加工点，让贫困户到加工点领取材料回家手工组装部件，计件发工资。目前公司周边共设置加工点8个，共有500多人采取此方式参与生产。

入股分红。贫困户把到户增收5000元钱投入文鑫花业，文鑫花业每年返还贫困户500元，连续5年，第五年把5000元返还给农户。目前已有117户贫困户签订入股协议。

文鑫花业仿真花扶贫基地带动社旗县11个乡镇20个行政村1310余户1520多人就业，635户1830人贫困家庭通过仿真花产业带动脱贫，文鑫花业被社旗县政府确定为"扶贫开发重点扶持企业""残疾人扶贫示范基地"，下一步文鑫花业将继续壮大规模，提升带贫能力，成为社旗县产业扶贫主力军。

——《河南社旗：仿真花的致富之路》

年庄村还需要有效对接社旗县产业发展规划，大力发展旅游文化产业。社旗县、郝寨镇拥有非常悠久的历史文化传统，这些都是可观的旅游资源，年庄村如何对接社旗县、郝寨镇的旅游开发是下一步必须思考的问题。

图 8-1　调研组在年庄村绢花展示厅采访文鑫花业总经理李富文

摄影：彤新春于 2017 年 7 月 8 日。

享誉中外的"万里茶道"同"丝绸之路"一样是中国与世界交流的一座桥梁，近年来，社旗县利用赊店古镇曾是明清时期"万里茶道"水陆中转站这一独特地理优势，不断挖掘"万里茶道"历史遗存，加强与茶道沿线城市协作融合，发展壮大古镇旅游经济，取得了明显成效。[①]

"赊店古镇三面环河，地处汉水交流的唐河上游，是中俄蒙万里茶路重要的水陆中转站。在这个万里茶道中，赊店占据着由水路转陆路这样一个交接、枢纽的重要位置，现在这里还留下了众多的文物遗存，这些都是活生生的茶道文物遗存。"赊店历史文化研究会会长徐东介绍。

社旗县挖掘传承赊店商埠文化，发展文化旅游工作，把"赊店古镇加入'万里茶道'申遗"工作提上重要的议事日程，为抢抓机遇，强化规划保护，加大资金投入，实施了一系列古镇"万里茶道"遗迹的修复、保护、利用等措施，先后投资3000万元，实施了对瓷器街古建筑和广盛镖局、厘金局、蔚盛长票号、福建会馆、大昇玉茶庄等遗产点的保护性维修。投资2.3亿元，对古码头区域453户居民筹划实施整体搬

[①] 参见张应康主编《万里茶道》，山西人民出版社，2016。

迁，对古码头遗址区域实施保护性发掘。

与此同时，社旗县还利用"万里茶道"这一地理优势，大力挖掘传承茶文化。目前，信义轩等规模不等的茶社遍布古镇大街小巷，使这个不产茶但茶文化浓厚的中原古镇处处飘茶香、耳闻古筝鸣。

为扩大赊店古镇的影响力，社旗县不断加强与茶道沿线城市的沟通、交流并开展合作，先后十多次组团参加"中俄蒙万里茶道"各类研讨会、申遗筹备等活动，还邀请沿线城市各界人士代表到赊店古镇观光旅游、指导工作。

社旗县旅游局统计数据显示，仅 2016 年，社旗县赊店古镇接待游客 150 万人次，旅游综合收入达4.26 亿元。近年来对"万里茶道"的研究越来越受到重视，越来越受到人们的关注。沿线的各城市正在采取联合行动，准备联合申报世界文化遗产，如果申报成功，那么万里茶道将成为享誉世界的一个黄金文化旅游线路，这对于促进社旗的文化旅游产业发展将起到非常重要的作用。①

社旗县还积极推广"文化 + 旅游 + 城镇"的综

---

① 《社旗县做大茶路文章促进旅游发展》，南阳文明网，2017 年 5 月
23 日。

合模式，并以文化旅游为产业核心推动城镇化，成为河南省将文化遗产保护利用与当地社会经济发展有机结合的一个典型范例，被称为"文化产业的社旗样本"。同时，"文化＋核心价值观""文化＋城市""文化＋民生""文化＋产业"犹如朵朵花儿争奇斗艳……文化成为一种风尚，古镇演绎新故事，发展续写新传奇。在社会经济和文化旅游业高速发展的今天，社旗特色文化旅游已成为极具吸引力的旅游品牌，成为各地游客向往的休闲福地，文化旅游经济"一业兴、百业旺"的局面正在形成。下一步，社旗将依托赊店历史商业诚信文化优势，主动融入"一带一路"建设，以发展文化旅游业为主线，以创建5A级景区为目标，以"万里茶路"联合申遗为动力，推动文、商、旅、产、城一体化快速发展，把赊店古镇打造成一个以文化休闲旅游为主导的特色商业区，奋力开创游客饱眼福、商家有钱赚、民众得实惠的多赢新局面。

郝寨镇有着悠久的文化传统。据传，汉代郝姓始建村，故址在今南小河旁，以其周围曾筑寨，故名寨子沟。宋代传说郝姓一人曾中探花，在今人民礼堂一带建探花府。后村民增多，村落扩大，并筑起环村土寨，因郝探花名声显赫，遂更名郝家寨。明初兴店开集，形成东西向街道，有商号48家。1931年名郝寨镇，俗称郝寨街，简称郝寨。郝寨当时为古驿道，经济繁荣、百姓富有。郝寨子房庙，当地百姓称"紫花庙"，位于郝寨镇东南角，明朝时期建立，是当地官、绅为纪念汉朝军师张良而捐资兴建的。当时香火旺盛，众僧云集，占地120亩，大殿三间，并有奶奶殿、关帝殿等，共建房48间，砖木结构，院内林荫甬道，古柏数百棵，石碑20多块，曾有"西有赊店山陕庙，东有郝寨子房庙"之称，可见当时影响之大。庙西约30米远有一座东西走向石桥，并留有传说：王莽赶刘秀时，王莽住桥西、刘秀住桥东，都说要天亮时走，当时刘秀在逃难时，为逃离王莽追杀，对天讲"您最好再晚一个时辰亮"。刘秀话一出口，天又黑了下来，刘秀借黑夜逃走，王莽天亮追刘秀时刘秀已不见了。当地百姓说至今桥东边报晓鸡比西边晚一个时辰。

1948年，中央军委指示刘伯承司令员、邓小平政委在河南南阳发起宛东战役。此役采取围城打援的办法相机歼灭敌军，5月28日在青台、郝寨、兴隆一带打响，至6月3日基本结束，此役历时近10天，共歼俘敌 1.2 万余人，给南阳守敌张轸兵团以沉重打击，完成了牵制敌军任务，为赊店解放及"中原我军占领南阳"打响了第一枪，并首战告捷，为陈赓、谢富治兵团解放豫西南创造了良好的政治、军事及外部条件。"宛东战役纪念馆"就位于郝寨镇十里井村，作为红色资源优势地域性名片，凸显以党政干部、中小学生接受红色教育为主，外地散客旅游为辅的文旅新态势。

应该说，年庄村处于县、镇公路交接处，发展具有本村特色的乡村旅游，在线路设计、文化内涵、产业优势等方面都有文章可做。

图 8-2　调研组考察邻近的科尔沁牛业公司

图 8-3 调研组听取科尔沁牛业公司负责人介绍产业发展规划

图 8-4 科尔沁牛业公司产业规划公益图示意

摄影：史习乐于 2017 年 7 月 8 日。

第三节　注意发展农村集体经济

如何发展壮大年庄村集体经济是下一步工作中必须考虑的问题。年庄村美丽乡村建设按照上级规划，还有 1400 多万元的资金缺口，这个问题如何解决？从自身出发发展集体经济可能是比较稳妥的解决之道。[①]

发展壮大村级集体经济，仅仅依靠原来的老路显然是不够的，只有创新发展思路，才能让村级集体经济更好更快发展起来。[②] 发展合作经济，积极鼓励村级组织领办创办农民专业合作社、农业产业化龙头企业，采取"支部 + 龙头企业 + 基地"等形式，开展技术指导、信息传递、物资供应、产品加工、市场营销等服务，获得集体收入。[③] 要紧盯市场，以市场需求为导向，围绕特色产业，充分发挥优势，组建成立公司，加强农村集体资产的经营管理，增强农村集体资产的运营效益，提高投融资能力，盘活新农村基

---

① 党国英：《中国农业发展的战略失误及其矫正》，《中国农村经济》2016 年第 7 期。

② 龚云：《集体经济：社会主义新农村的发展方向》，人民网，2011 年6 月 27 日。

③ 郑有贵：《夯实共享发展的基础》，《红旗文稿》2016 年第 5 期。

础设施和农村集体的存量资产。要充分整合农村剩余劳动力资源，组建市场服务机构，鼓励成立劳务派遣公司，推进农民就业市场化运作，确保集体资产保值增值。要积极探索以农民专业合作社、家庭农场和种养大户为有效组织形式，以发展当地特色农业优势产业为平台，促进和带动村集体经济发展。推动乡村旅游。充分利用乡村自然资源，大力发展旅游观光、采摘园、"农家乐"等项目，增加集体收入。创新集体股本。整合各类政策、项目和资金，建立村集体股本，通过资源变股权、资金变股金、农民变股民等市场化的办法和手段，激活资源要素，增加集体收入。深化村党组织与村级集体经济组织的合作，整合财政、扶贫、农业等相关涉农资金，在确保资金性质不变、投入投向不变、监管主体不变的前提下，加大资金整合投入力度；同时，按照股份制要求和"股权平等、利益共享、风险共担、积累共有"原则，鼓励社会资金投资入股村集体经济组织，促进村级集体经济融合发展。创新 BOT 发展模式。由村集体与企业签订合同，授予一定期限的特许专营权，允许其带资建设和经营公共事业项目，特许权期满后，将项目无偿移交给村集体，增加村集体资产。村级组织要围绕本地实际和特色优势产业，带头创办领办种植、养殖、加工、旅游等经济发展项目，把农民有序、合理地组织起来，形成规模优势进入市场，增强集体经济实力，增强服务群众能力。①

第四节　构建产学研一体化的产业融合发展体系

在年庄村的脱贫攻坚中，仿真花产业发挥了重要作用，下一步要注重走产学研一体化的产业融合发展路径。这一点还需要延伸到其他特色产业领域，如中草药种植，可以构建中草药生产基地，通过流转土地建立规模化的中草药种植产业园区。针对这样的产业园区，聘请相关领域的专家进行指导，同时选拔本村的优秀农民接受培训。对通过试验证明在本地适合规模化种植的中草药，可由接受过培训的农民负责推广。其间，产业园区起到了火车头和孵

① 王曙光、郭凯、兰永海：《农村集体经济发展及其金融支持模式研究》，《湘潭大学学报》（哲学社会科学版）2018年第1期。

化器的作用，并成为新型现代农民的培育基地，由此形成村集体经济与国有企业之间的产业合作体系。县国有企业负责收购村集体经济或合作社种植的中草药，并进行产品的研发和生产。

实施新型职业农民激励计划，推进新型职业农民素质提升工程和农村实用技术远程培训，支持新型职业农民通过弹性学制参加中高等农业职业教育。[①] 加强农村专业人才队伍建设，吸引鼓励党政干部、专家学者、医生教师、技能人才、外出创业成功人士等以多种形式服务乡村振兴，扶持培养一批农业职业经理人、经纪人等。

第五节　不断繁荣发展农村文化

乡村振兴，乡风文明是支撑。加强村民思想道德建设。[②] 以社会主义核心价值观为引领，深入开展中

---

① 陈锡文：《从农村改革四十年看乡村振兴战略的提出》，《农村工作通讯》2018 年第 9 期。

② 汪恭礼：《乡村振兴战略背景下壮大集体经济的思考》，《国家治理》2018 年第 3 期。

国特色社会主义和中国梦的宣传教育，大力弘扬民族精神和时代精神，不断加强爱国主义、集体主义、社会主义教育。深入实施公民道德建设工程，以丰富多彩、喜闻乐见、寓教于乐的道德讲座为载体，以提升党员干部群众思想道德修养和文明素质为核心，通过道德宣讲、互动交流等形式，普及社会主义核心价值观，引导广大农村干部群众自觉成为道德的传播者和践行者。认真探索农村道德积分激励机制，激发广大农民求富、求知、求美的愿望。

发展农村文化事业和文化产业。加快农村公共文化设施和农村综合文化活动场所建设，组建农民文艺宣传队，在年庄村大舞台经常性组织开展秧歌、健身操、戏剧等活动，大力传播正能量、弘扬真善美。[①]实施数字图书馆、电子阅览室、数字农家书屋等公共文化数字服务项目，推动实现文化信息资源共享。开展移风易俗行动。深入开展文明户、文明家庭等群众性精神文明创建活动和"好媳妇""好少年"等评选表彰活动。充分发挥群团组织在思想道德建设方面的作用，积极开展寻找"最美家庭""家庭小孝星"等

---

① 陈锡文：《从农村改革四十年看乡村振兴战略的提出》，《农村工作通讯》2018 年第 9 期。

系列活动，营造尚德向善的良好社会风气。紧密结合当地民情风俗，建立村规民约，遏制大操大办、厚葬薄养、人情攀比等陈规陋习。加强无神论宣传教育，坚决抵制封建迷信活动。大力开展"三下乡"活动，加强农村科普工作，提高农民科学文化素养。

附　录

附录一　河南省贫困户、贫困村、贫困县退出标准

一　贫困户退出标准

贫困人口退出以户为单位。

1. 收入

该户有相对稳定可靠的增收渠道和收入来源，年人均纯收入超过国家扶贫标准且吃穿不愁。

2. 义务教育

该户适龄儿童接受九年义务教育，家庭无因贫辍学学生。

3. 基本医疗

该户参加新型农村合作医疗，大病有救助。

4. 住房安全

该户住房条件有明显改善，有自有住房、无危房。

二 贫困村退出标准

贫困村退出以行政村为单位，以贫困发生率为主要衡量标准，原则上贫困村贫困发生率降至2%以下。统筹考虑基础设施建设、基本公共服务、产业发展、集体经济收入等因素。

1. 交通

达到有一条通村公路实现硬化，具备条件的村实现通客运班车。

2. 饮水安全

达到农村饮用水安全卫生评价指标体系标准。

3. 电力保障

基本满足生产生活用电需求。

4. 文化建设

实现广播电视户户通，有综合性文化服务中心。

5. 卫生医疗

有标准化卫生室、有合格乡村医生或执业（助理）医师。

6. 信息化

基本实现通宽带。

三 贫困县退出标准

贫困县退出以贫困发生率为主要衡量标准，原则上贫困县贫困发生率降至 2% 以下，统筹考虑贫困村退出、农民人均可支配收入和基本公共服务等因素。

1. 贫困村退出

贫困县 90% 以上的贫困村通过扶持实现退出。

2. 农民人均可支配收入

贫困县农民人均可支配收入增长幅度高于全省平均水平。

3. 基本公共服务

贫困县教育、文化、卫生医疗等基本公共服务主要领域指标达到或接近全省平均水平。

全省脱贫规划和年度计划如附表 1 所示。

附表 1　全省脱贫规划和年度计划

单位：万人，个

项目	贫困人口	贫困村	贫困县	
			国定贫困县	省定贫困县
基期数	430	6492	38	15
2016 年	110	1500	兰考县、滑县	
2017 年	100	1700	光山县、新县、固始县、潢川县、沈丘县、新蔡县	伊川县、叶县、舞阳县、方城县

项目	贫困人口	贫困村	贫困县	
			国定贫困县	省定贫困县
2018 年	90	1800	栾川县、宜阳县、洛宁县、鲁山县、封丘县、镇平县、内乡县、民权县、柘城县、睢县、宁陵县、虞城县、商城县、淮阳县、商水县、太康县、郸城县	内黄县、原阳县、濮阳县、夏邑县、罗山县、息县、扶沟县、西华县、正阳县、泌阳县、汝南县
2019 年	70	1492	嵩县、汝阳县、范县、台前县、卢氏县、南召县、淅川县、桐柏县、社旗县、淮滨县、上蔡县、平舆县、确山县	
2020 年	60			

附录二 河南省脱贫工作成效考核办法

为确保到 2020 年全省农村贫困人口全部实现脱贫、贫困村全部退出贫困序列、贫困县全部脱贫摘帽，实现贫困人口与全省人民一道同步迈入全面小康社会，根据《中共中央办公厅　国务院办公厅关于印发〈省级党委和政府扶贫开发工作成效考核办法〉的通知》（厅字〔2016〕6 号）、《中共河南省委　河南省人民政府关于打赢脱贫攻坚战的实施意见》（豫发〔2016〕5 号），结合我省实际，制定本办法。

第一条　考核对象

本办法适用于全省 18 个省辖市、10 个直管县（市）党委和政府脱贫工作成效的考核。

第二条　考核原则

坚持立足实际、突出重点，针对主要目标任务设置考核指标，注重考核工作成效；坚持客观公正、群众认可，规范考核方式和程序，充分发挥社会监督作用；坚持结果导向、奖罚分明，实行正向激励，落实责任追究，促使各级党委和政府切实履职尽责，改进工作，坚决打赢脱贫攻坚战。

第三条　考核组织

考核工作由省扶贫开发领导小组统一领导，省扶贫办、省委组织部牵头会同相关部门组织实施。从2016年到2020年，每年一次。

第四条　考核方式

考核工作采取日常督查、年度核查和第三方评估相结合的方式，日常督查占40%权重，年度核查占30%权重，第三方评估占30%权重。日常督查由省委、省政府组织的10个脱贫攻坚督导组组织实施；年度核查由省扶贫开发领导小组组织实施；第三方评估由省扶贫开发领导小组委托有关科研机构和社会组织实施。

第五条　考核内容

（一）减贫成效

考核建档立卡贫困人口数量减少、贫困村脱贫、贫困县退出、农村居民收入增长、长效机制建立的情况，分别考核完成数量和质量。

（二）精准识别

考核建档立卡贫困人口识别标准的准确性、识别程序的规范性和群众认可度；贫困人口退出标准的准确性、退出程序的规范性和群众认可度。

（三）精准帮扶

考核帮扶政策和规划方案的制定，市县乡村责任落实、驻村工作队、驻村第一书记和帮扶责任人的责任落实，贫困人口满意情况。

（四）扶贫资金

考核财政专项扶贫资金投入、涉农资金整合、财政专项扶贫资金管理、扶贫资金使用违规违纪情况等。

第六条　考核步骤

（一）自查总结

各省辖市和直管县（市）党委和政府，对照省扶贫开发领导小组审定的年度减贫计划，就当年工作进展情况和取得成效形成总结报告，连同相关基础数据和资料，于次年1月25日前以党委和政府名义报送省扶贫开发领导小组。

（二）日常督查

日常督查的考核结果由省委、省政府脱贫攻坚督导组根据全年的督查情况确定。

（三）年度核查

由省扶贫办、省委组织部牵头，会同相关省扶贫开发领导小组成员单位组织实施。次年2月底前完成。

（四）第三方评估

由省扶贫开发领导小组委托有关科研机构和社会组织，采取抽样调查和实地核查等方式，对相关考核指标进行评估。次年3月15日前完成。

（五）数据汇总

省扶贫办会同有关部门对日常督查结果、年度核查结果和第三方评估认定结果情况等进行汇总整理。次年3月25日前完成。

（六）综合评定

省扶贫办会同有关部门对汇总整理的数据和自查、督查、核查、第三方评估情况报告进行综合分析，形成最终考核报告。考核报告应当反映基本情况、指标分析、存在问题等，作出综合评价，提出处理建议。召开省扶贫开发领导小组会议审议，报省委、省政府审定。次年3月底前完成。

（七）沟通反馈

省扶贫开发领导小组向各省辖市和省直管县（市）专题反馈考核结果，并提出改进工作的意见建议。

第七条　结果运用

考核结果由省扶贫开发领导小组予以通报。对完成年度计划减贫成效显著的省辖市和直管县（市）给予一定奖励。考核结果作为对各省辖市和直管县（市）党委、政府主要负责人和领导班子综合考核评价的重要依据。

考核中发现下列问题的，由省扶贫开发领导小组提出处理意见，对各省辖市和直管县（市）主要负责人进行约谈，提出限期整改要求；情节严重、造成不良影响的，实行责任追究。

1. 未完成年度减贫计划任务的。

2. 违反扶贫资金管理使用规定的。

3. 违反贫困县约束规定，发生禁止作为事项的。

4. 违反贫困退出规定，弄虚作假、搞"数字脱贫"的。

5. 贫困人口识别和退出准确率、帮扶工作群众满意度较低的。

6. 纪检、监察、审计和社会监督发现脱贫工作违纪违规问题的。

第八条 有关要求

参与考核工作的省直有关部门应当严守考核工作纪律，坚持原则、公道正派、敢于担当，保证考核结果的公正性和公信力。各省辖市和直管县（市）应当及时、准确提供相关数据、资料和情况，主动配合开展相关工作，确保考核顺利进行。对不负责任、造成考核结果失真失实的，要追究责任。

本办法自 2016 年 5 月起施行。四个直管贫困县的经济社会发展目标暨扶贫开发考核评价中的扶贫开发考核以本办法为准，不重复考核。2013 年 1 月 15 日印发的《河南省扶贫开发工作考核办法（试行）》（豫扶贫组〔2013〕1 号）同时废止。

参考文献

习近平:《摆脱贫困》,福建人民出版社,2014。

中共中央文献研究室编《邓小平年谱（一九七五～一九九七）》,中央文献出版社,2004。

倪国华、蔡昉:《农户究竟需要多大的农地经营规模?——农地经营规模决策图谱研究》,《经济研究》2015年第3期。

段龙龙、张樱:《论我国农村集体经济组织公有性质弱化及其应对》,《农村经济》2013年第9期。

隋福民:《规模经营对中国现阶段的农业发展重要吗?》,《毛泽东邓小平理论研究》2017年第5期。

党国英:《中国农业发展的战略失误及其矫正》,《中国农村经济》2016年第7期。

陈锡文:《从农村改革四十年看乡村振兴战略的提出》,《农村工作通讯》2018年第9期。

张杨、程恩富:《壮大集体经济、实施乡村振兴战略的原则与路径——从邓小平"第二次飞跃"论到习近平"统"的思想》,《现代哲学》2018 年第 1 期。

王曙光、兰永海:《统分相宜　助推"二次飞跃"》,《中国城乡金融报》2017 年 11 月 8 日。

龚云:《集体经济:社会主义新农村的发展方向》,人民网,2011 年 6 月 27 日。

王立胜、刘岳:《新时代乡村工作的总纲目总遵循》,中国网,2018 年 3 月 11 日。

武力:《1949~1978 年中国"剪刀差"差额辨正》,《中国经济史研究》2001 年第 4 期。

郑有贵、李成贵主编《一号文件与中国农村改革》,安徽人民出版社,2008。

武力、郑有贵主编《解决"三农"问题之路——中国共产党"三农"思想政策史》,中国经济出版社,2004。

孔祥智、高强:《改革开放以来我国农村集体经济的变迁与当前亟需解决的问题》,《理论探索》2017 年第 1 期。

武力主编《中华人民共和国经济史》,中国经济出版社,1999。

《中国乡镇企业年鉴(1989)》,农业出版社,1990。

汪恭礼:《乡村振兴战略背景下壮大集体经济的思考》,《国家治理》2018 年第 3 期。

郑有贵:《夯实共享发展的基础》,《红旗文稿》2016年第 5 期。

王曙光、郭凯、兰永海:《农村集体经济发展及其金融支持模式研究》,《湘潭大学学报》(哲学社会科学版)2018 年第 1 期。

赵冈:《重新评价中国历史上的小农经济》,《中国经济史研究》1994 年第 1 期。

张安毅:《我国农村集体经济组织的角色扭曲与社会变革背景下的立法重构》,《理论与改革》2017 年第 3 期。

后　记

消除贫困、改善民生、逐步实现共同富裕是我们党的重要使命，特别是在当下，全面脱贫攻坚战已经吹响了决战的号角，胜利已经近在咫尺，更需要我们在社会调研中对已有成绩进行总结和反思，为最后的战役做好知识的保障工作，为脱贫后如何避免返贫的课题做好知识储备。

自 2016 年 10 月申报了调研项目开始，我们就立刻进入了紧张的筹备阶段，选择调研村庄，分配调研任务，确定调研主题。调研组认为，在扶贫攻坚的过程中并不应该是暂时性脱贫、强行脱贫，而是应该在充分考虑当地基本情况的前提下，运用产业带动大部分有劳动力的贫困户主动创造价值，以此带动地区脱贫，更重要的是产业脱贫不能闭门造车，要充分考虑地域关系，结合县市的整体布局，这样才能充分地展现产业活力，也有利于产业的持续发展，我们要造就的是一片活水而不是一处堰塞湖。这次调研选择的年庄村就是一个具有明显特点的村庄，在扶贫过程中不仅仅是产业培育，还要考虑产业之间的关联性和整个地域的产业衔接关系，这样的结构无疑增强了产业的稳固性，降低了产业扶贫的系统性风险。另外，要注意将产业发展与乡风重塑、乡村振兴结合起来，这才是农村兴旺发展的良好标志。

在调研的实地走访中，要特别感谢社旗县地税局和郝寨镇的各位领导同志、年庄村党支书黄红义、村主任贾迎旭，还有彪哥、国声以及梁晓等同志，给予了调研工作大力的支持，使我们能够更全面地了解扶贫进展和成果。另外，要感谢文鑫花卉公司总经理李富文，一是感谢其在扶贫攻坚中做出的贡献，二是感谢其在我们整个调研中给予的支持。在座谈中我们了解到李总创业的艰辛和内心变化，其间政府相关部门也给予了足够的扶持，在大家的共同努力下文鑫花卉公司一步步走到今天，这是值得学习的。李总也表达了扩大企业规模、积极"走出去"的决心，我们希望文鑫花卉公司能够越来越好，为该地区的经济发展做出更多的贡献。

我们还要感谢中国社会科学院经济研究所的董志凯

研究员、程蛟博士、于文浩博士，以及中央财经大学的兰日旭教授、杨宏同学的协助，在入户调查的过程中，他们用细心和耐心与调查对象进行沟通。另外，在调研过程中，我们也时常讨论在走访过程中的所思所想，以丰富写作素材。

最后，要感谢参与本次调研的所有被访问者，他们的积极参与，为我们提供了最为宝贵的第一手材料，使我们能够详细了解扶贫工作的方方面面。我们相信在国家政策的大力支持和群众的同心协力下，人们的生活一定会越来越好。

本书是在实地调研的基础上结合笔者的所思所想而完成的，在 2017 年下半年，我们对调研所得的数据、调查表和相关政策材料进行了梳理，并最终确定了本书主题。书中若有不足之处还请各位同人批评指正。

彤新春　史习乐

2020 年 7 月

后记

图书在版编目（CIP）数据

精准扶贫精准脱贫百村调研. 年庄村卷：产业兴村
与和谐发展之路 / 彤新春, 史习乐著. -- 北京：社会
科学文献出版社, 2020.10
　　ISBN 978-7-5201-7119-9

　　Ⅰ.①精… 　Ⅱ.①彤… ②史… 　Ⅲ.①农村-扶贫-
调查报告-社旗县 　Ⅳ.①F323.8

中国版本图书馆CIP数据核字（2020）第152025号

· 精准扶贫精准脱贫百村调研丛书 ·

精准扶贫精准脱贫百村调研 · 年庄村卷
——产业兴村与和谐发展之路

著　　者 / 彤新春　史习乐

出 版 人 / 谢寿光
组稿编辑 / 邓泳红
责任编辑 / 吴　敏

出　　版 / 社会科学文献出版社 · 皮书出版分社（010）59367127
　　　　　　地址：北京市北三环中路甲29号院华龙大厦　邮编：100029
　　　　　　网址：www.ssap.com.cn
发　　行 / 市场营销中心（010）59367081　59367083
印　　装 / 三河市尚艺印装有限公司

规　　格 / 开　本：787mm×1092mm　1/16
　　　　　　印　张：12.5　字　数：94千字
版　　次 / 2020年10月第1版　2020年10月第1次印刷
书　　号 / ISBN 978-7-5201-7119-9
定　　价 / 59.00元

本书如有印装质量问题，请与读者服务中心（010-59367028）联系